¿Qué vas a hacer con el tiempo que te queda de vida?

Nico Quindt

Quindt, Nicolás Alejandro

¿Qué vas a hacer con el tiempo que te queda de vida? / Nicolás Alejandro Quindt. - 1a ed . – Buenos Aires : el autor, 2015.

Libro digital

204p.

Archivo Digital: descarga y online

ISBN 978-987-33-9671-7

1. Autoayuda. 2. Superación Personal. I. Título.

CDD 158.1

Corrección y revisión a cargo de Martín Torres.

Abre los ojos

Una de las cosas que más me motivó en mi vida, fue la verdad. Es decir, el conocimiento, el descubrimiento de la verdad. Ese tipo de verdad que te golpea en la cara y te hace dar cuenta de dónde estás parado realmente. Esa verdad que es una bofetada en el alma. La verdad que te dice alguien que se está yendo de tu vida, la verdad que te dice una pareja que te está engañando, la misma verdad que ves cuando el puesto de ese trabajo que querías se lo dan a otro. Esa verdad incómoda y molesta, es la única herramienta que tienes para cambiar tu vida, para mejorar, para salir adelante. La verdad puede ser cruel, dolorosa, triste o despiadada, pero es necesaria. Es necesario que la conozcas y que te pares frente a ella, para evaluar tu presente, analizar tu pasado y planear tu futuro.

Si desconoces la verdad de quién eres y de quién no eres, de cuáles talentos posees y cuáles no, entonces estarás ignorando las causas por las que fracasas una y otra vez, que te llevan a una vida de mediocridad, de sueños postergados, de objetivos inconclusos, de matrimonios tolerados, de trabajos desagradables y de una existencia utilizada para ser sufrida, en lugar de para ser disfrutada. Mientras más tiempo pases sin conocerte, más lejos estarás de tus sueños.

Durante este arduo trabajo-estudio encontré una verdad única, que quizás sea la verdad más importante de todas las que existen y que tiene acción directa sobre nosotros: la verdad del tiempo que pasa, el tiempo imparable y tirano, el tiempo que se nos escapa, y que se acumula hasta que se convierte en nuestra muerte, tácita e inamovible. Pero que también es el material del cual está conformada nuestra vida. Parecería una dicotomía aceptar que el mismo material del cual se compone nuestra vida, se convertirá más tarde en nuestra muerte.

Por esta misma razón, el regalo más preciado que le puedo hacer a la persona que amo es dedicarle tiempo, el tiempo es el objeto más valioso del universo, no se puede comprar, no se puede vender, no te alcanza toda la fortuna del mundo para pagar un solo segundo más de vida.

Seguramente te sientas identificado con muchas de las cosas que voy a decirte a lo largo de este libro, para ello tienes dos opciones:
1. Reírte, porque se enciende una alerta en tu cerebro que es el sistema de activación reticular, que te dice que están hablando de ti.
2. Cambiar, tomar acción, hacer algo para no seguir repitiendo esas cosas.

Espero que el contenido de este libro te enoje, que todo lo que voy a decirte fastidie tu consciencia, porque si lo hace, entonces tomarás las riendas de tu vida y el timón de tu destino. Porque puedes transformar esa ira que sientes luego del fracaso más rotundo, en una fuerza inagotable de motivación, en un motor de impulso hacia tus objetivos. Porque estas verdades que voy a compartir contigo van a hacer tambalear tu mundo y te van a obligar a cerrar tus puños y dar un paso al frente, ese paso definitivo que no te dejará caer.

Por momentos te pareceré arrogante o despectivo, pero nada más lejos de mis intenciones que eso, simplemente es la forma que he adoptado para llevar este mensaje a tu mente subconsciente, y para que toque esa fibra sensible en tu alma. Por eso voy a estar hablándote como me hablo a mí mismo. Para que te choques con esta información como contra una pared de frente, pero recuerda que la pared siempre estuvo frente a ti, solo que tú no podías verla. Este libro solo intentará quitarte la venda, lo demás depende de ti.

La nueva ciencia de la superación personal

Aunque no sea reconocida como tal, la Superación Personal es la única ciencia que estudia lo más importante que tenemos en la vida, lo que todos y cada uno de nosotros queremos.
Todos los seres humanos de este mundo perseguimos una sola meta: ser felices. Y la Superación Personal es la única ciencia ocupada en estudiar a las personas felices y las causas de su felicidad, en darnos herramientas para llevar a cabo los objetivos que despertarán eso que yace dentro de nosotros que es nuestro propio bienestar. Sin embargo, la Superación Personal no se basa en una fantasía, no podemos vivir eternamente felices, ni despertar artificialmente "la felicidad", por más concentración o meditación que hagamos, no se puede por la sencilla razón de que la felicidad completa y eterna no existe. Pero lo que la Superación Personal nos enseña es a disfrutar. Entonces te dice: disfruta de la tristeza, porque tú la escogiste, disfruta de tus fracasos porque son el camino hacia el éxito, disfruta de las adversidades porque gracias a ellas te harás fuerte, disfruta de los errores porque desde ellos podrás aprender y además disfrútalos porque ninguno de ellos es en vano, porque desde la tristeza, por ejemplo, se puede acceder a la nostalgia, se puede emocionar, recordar, tener un instante de reflexión e ir a pedir perdón o hablar con una persona amada, se puede crear, realizar una obra de arte, una canción.

La Superación Personal no es una ciencia ficción que trata de tergiversar los hechos para volverlos una ilusión y que vivamos en una felicidad artificial, o al menos no es la forma en la que la abordaremos aquí. La Superación Personal es un sistema complejo de métodos, comprobados algunos, y experimentales otros, enfocados en despertar tu ilusión para volverla una realidad y que podamos llegar lo más cerca posible de esa felicidad, y que constan de la premisa de que estos métodos no pueden dañarte si los pones en práctica, aunque no funcionen, siempre aprendes, al menos a cómo no hacer las cosas, siempre sacas un beneficio de una u otra manera.

La Superación Personal te lleva de la mano hacia el viaje de la vida, donde nacemos, reímos, lloramos, nos entristecemos, nos alegramos, nos frustramos, tenemos éxitos y fracasos. Hasta que un día no tenemos más nada de todo eso y fallecemos. Pero antes de que ese final que todos compartimos llegue, aparece esta ciencia trascendental a intentar cambiar una vida vacía por una llena de calidad. La Superación Personal es una gran empresa de transporte: te transporta de donde estás a dónde quieres estar.

Por eso, aunque te parezca una locura, te invito incluso a que aprendas a hacerte amigo hasta del dolor, suena disparatado, pero quizás en algún momento, "dolor" sea todo lo que tengas, y luego de eso, todo se acabe.

Si tú le preguntas a cualquier persona: ¿Qué es lo que quieres? Una te dirá, por ejemplo: "yo quiero dinero". Y ¿para qué quieres dinero? Para comprar las cosas que me gustan, para tener seguridad, comodidad y todo eso… ¿para qué? Para sentirme bien, para ser feliz.

Otro dirá: "yo quiero ser una persona famosa". Y ¿para qué? Para ser admirado, para estar orgulloso de mí mismo, para sentirme realizado y eso me hará feliz.

Todo lo que queremos, hacemos o deseamos, tiene un único propósito: ser felices.

Luego cada uno establecerá qué cosas lo hacen feliz y qué cosas no, pero el fin es el mismo.

Si la Superación Personal se propone entender las causas que hacen felices a las personas, primero debemos entender ¿qué es la felicidad?

La felicidad podría definirse como el estado emocional que se produce al haber alcanzado un objetivo, como la sensación de satisfacción por gozar de lo que se desea o por disfrutar de algo bueno.

La felicidad es solamente un concepto, nada más. No existe más que como un estado mental y no se la puede experimentar completamente. Pero este concepto inalcanzable, es justamente lo que sienta las bases al desarrollo de la Superación Personal. Es similar a la velocidad de la luz, nunca puedes ser tan rápido como ella, quizás puedas llegar a ser 99,9999999…% veloz, pero esa última millonésima de porcentaje, no la alcanzarás jamás.

Y esto es precisamente lo grandioso, sino fuese así, nuestra existencia no tendría una búsqueda.

Ya que nuestra vida entera se basa en huir del dolor hacia el placer y una vez experimentada la saciedad, otro dolor o malestar le sobrevendrá, cuando hablamos de felicidad, hablamos siempre de una felicidad relativa, de la diferencia que existe entre nuestros deseos y nuestros logros; entre lo que tenemos y lo que necesitamos. Existen infinidad de cosas que pueden generar felicidades momentáneas, relativas y duraderas. La felicidad duradera es una sensación, una actitud. Se tiene que construir a diario y viene desde adentro. No hay nada en este mundo que yo pueda hacer que me garantice que desde este momento hasta el fin de mis días voy a despertar y vivir feliz para siempre. Ni el logro más significativo, ni el amor más profundo, ni la riqueza más grande.

No es que yo considero que la Superación Personal es lo mejor porque es lo que yo elegí, sino que yo la elegí porque considero que es lo mejor. La Superación Personal no necesita que creas en ella, se aplicará de todas maneras, si no estás aplicando los conceptos que te conducirán al éxito, entonces estás aplicando sin saberlo, los conceptos que te conducirán al fracaso. La Superación Personal funciona, de una manera o de otra, no necesitas seguirla, ni votarla, ni asistir a ninguna reunión. Tendrás resultados de todas formas.

¿Quieres saber cómo ser un fracasado?

*   Llega tarde todos los días a tu trabajo.
*   Trabaja sin ganas y con desanimo.
*   Quéjate de todo, de cualquier cosa.
*   Regresa a tu casa, trata mal a tu pareja.
*   Siéntate a mirar televisión todo el resto del día.
*   Nunca hables con tus hijos.
*   Come grasas, pastas, cervezas, vinos, todo en exceso.
*   Fuma de 20 a 40 cigarrillos diarios.
*   Habla mal de las personas que no están.
*   No ayudes a nadie.
*   Repítete a ti mismo que eres pobre, que eres un idiota, que nunca te sale nada bien, que tienes mala suerte.
*   Nunca vayas a un gimnasio, no practiques ningún deporte.
*   No leas ningún libro.
*   Ten un hijo, sepárate, ten otro hijo con una pareja diferente, vuélvete a separar, ten un hijo más.
*   Roba pequeñas cosas de tu empresa, ceniceros, lapiceras, lo que se conoce como robo hormiga.
*   No planifiques a futuro.
*   No tengas ningún hobby y no hagas nada que te apasione.
*   Y no te preocupes por cultivar amistades.

Haz todo esto y en menos de un año, yo te garantizo que serás un excelente fracasado.

¿Qué es la Superación Personal?

La Superación Personal es una serie de pensamientos lógicos que orientan a nuestro razonamiento a seguirlos para el desarrollo de las capacidades y la resolución de obstáculos. La razón de estos conceptos se impone por

8

fuerza de una argumentación convincente y nos conduce a ser mejores cada día.

Los conceptos se apoyan en la consistencia y seguirlos nos ayuda a superarnos. La innegabilidad de dichos axiomas es lo que nos fuerza a actuar bajo estos preceptos.

Superación Personal, por lo tanto, puede definirse como información llevada a la práctica para nuestro desarrollo y evolución.

<u>¿Qué no es Superación Personal?</u>

La Superación Personal no es:
- Un método milagroso.
- Una fórmula mágica.
- Una promesa que alguien te puede cumplir.
- Fácil.

<u>¿En qué se basa o cómo se sostiene la Superación Personal?</u>

La Superación Personal está compuesta por una serie de herramientas racionales orientadas a optimizar la vida de las personas. Cada vez que alguien quiere ganar más dinero, que quiere un mejor futuro para sus hijos, cada vez que una persona busca una mejor manera de hacer las cosas, cada vez que alguien se anota para terminar la escuela que abandonó, que quiere aprender un idioma, que intenta un nuevo desafío, que busca diferentes perspectivas para su vida, está aplicando sin saberlo la Superación Personal.

¿Dónde se aplica?

En todas las áreas que tengan que ver con la vida de una persona que quiere crecer y evolucionar.

¿Cómo se aplica?

La Superación Personal se aplica reduciendo dos cosas:
1. Factores de derrota.
2. Posibilidades de error.

Factores de derrota:
- El pensamiento derrotista "no puedo" o "es imposible" hace que anule mis posibilidades.
  En el pensamiento "no puedo" nunca lo intento, por lo tanto, nunca lo logro. En el pensamiento "sí puedo", tengo dos posibilidades: fallar o tener éxito.

Posibilidades de error:
- Mientras más veces me equivoco, más cerca estoy de lograrlo.
- Mientras más información tengo, menos errores cometo.

¿Qué cambiaría si no existiera?

Estaríamos aun viviendo en cavernas haciendo fuego con dos piedras…
Porque todo, absolutamente todo lo que logramos, tiene que ver con la Superación Personal, tiene que ver con que alguien en algún momento quiso estar mejor, quiso ir más allá. Por eso vamos a dar inicio a este nuevo horizonte que está a punto de abrirse paso en tu mente.
Voy a prometerte dos cosas:

1. Voy a compartir 100% contenido de calidad contigo.
2. No vas a ser la misma persona una vez termines de leer este libro.

Prepárate para comenzar a cambiar la manera de pensar que hasta ahora no te condujo a nada.

¿Qué vas a hacer con el tiempo que te queda de vida?

…para Vanesa, te lo debía amiga....

Despliega tu talento al mundo

No te conozco, no sé nada de ti, no sé quién eres, quién es tu familia, dónde vives o por qué estás leyendo este libro…
Pero estoy seguro de una sola cosa: **tú tienes un talento**, eres especial para una o más personas, hay un perro que mueve la cola cuando llegas, hay una planta que necesita que la riegues, hay alguien aguardando a que regreses cada día, y lo más importante, hay un sueño esperando a que tú lo realices…
Y además de ese talento, tienes un don, un don significa un regalo, se te ha regalado el producto más preciado del universo, un producto más valioso que todo el dinero del mundo, y a ti se te ha otorgado completamente gratis: tu propia vida.
Y ahora dime ¿qué has hecho con ese talento y ese don?
Seguramente los has estado desperdiciando, matando el tiempo sin darte cuenta de que te estabas matando a ti mismo.

Déjame hacerte una pregunta: ¿Crees en dios? Si crees en él, permíteme hacer esta analogía: imagina que yo soy dios que te está hablando ¿sabes lo que te diría? Que eres un mal educado, un irrespetuoso y un desagradecido. Te he dado el don más preciado del universo: esta vida que puedes vivir como quieras. Te he dado el tiempo para que hagas todas las cosas que te gusta hacer, te he dado una mente para que crees, pienses, descubras y aprendas, te he dado un cuerpo para que lleves a cabo todas esas cosas, y tú ¿Qué has hecho con estos regalos? Los has malgastado, desperdiciando tu tiempo y tus oportunidades. Me siento completamente decepcionado contigo.

Si hasta ahora has estado viviendo una vida tolerada, insustancial y vacía… déjame decirte que con ese tiempo no puedes hacer nada al respecto, lamentablemente nadie tiene la máquina del tiempo. No podemos regresar y recomponer lo que ya pasó. Lo que realmente interesa no es lo que has hecho hasta ahora, sino ¿qué vas a hacer con el tiempo que te queda de vida?

¿Por qué estás leyendo este libro en lugar de ponerte a escribir uno? ¿Por qué fuiste al concierto de ese músico en lugar de crear tu propia música? ¿Por qué pagas una entrada al teatro en lugar de estudiar teatro y que la gente pague por verte a ti? ¿Por qué trabajas para una persona más mediocre que tú? ¿Por qué soportas que tu pareja te grite, te humille, te insulte, te engañe y te menosprecie?

Presta mucha atención en este punto, porque si puedes responder a estas preguntas, puedes resolver tu vida. Es la misma respuesta para todas ellas, esa es la respuesta de por qué estás malgastando tu tiempo. Es la respuesta que estamos esperando encontrar en cualquier sitio menos donde deberíamos buscar.

Puedes preguntártelo mil veces, y aunque puedes ignorar todo esto, en realidad tú ya sabes la respuesta…

¿Qué estás haciendo con el tiempo que te queda de vida?

La clave del éxito

¿Cuál es la clave para el éxito? Esperar una respuesta a esta pregunta supone creer que existe una clave, una fórmula mágica e infalible para alcanzar el éxito. La respuesta es que no existe tal cosa, no hay una clave, ni una fórmula, ni nada de eso...

El éxito es una serie de acciones, es un conjunto de hábitos que conducen a los resultados deseados, y una capacitación que pueda revertir o mejorar los resultados no deseados. Este libro no te ofrece la clave para el éxito porque nadie te puede ofrecer algo que no existe, pero te brindará las herramientas para que desarrolles los hábitos que te llevarán al éxito, es decir a lo que tú determines que es tu éxito, y la información para que puedas revertir los resultados adversos que te conducen al fracaso.

No existe persona más importante que tú. No hay otro ser humano idéntico a ti, tú eres único. Y si no empiezas a convencerte de ello, entonces siempre estarás un paso por detrás de tus objetivos y cada uno de tus sueños se te escapará como el agua entre los dedos.

Perdemos doce mil neuronas por día, esto quiere decir que mañana serás doce mil neuronas más estúpido y un día más viejo. Nunca serás más joven y más inteligente que hoy, por eso, si esperas mejores condiciones que ahora, déjame decirte que no estarás nunca en mejores condiciones que en este mismo momento.

Mírate al espejo y dime lo que ves, ¿admiras a esa persona? Si fueras tu pareja ¿Saldrías contigo? ¿Podrías nombrarme cincuenta virtudes, cualidades o capacidades de esa persona que ves al espejo? Adelante… te desafío a que lo hagas…

El problema es que no te das cuenta de que tienes más virtudes de las que crees, tienes más capacidades de las que piensas.

¿Quién te dijo que no podías? Tus padres que seguramente son un fracaso.
¿Quién te convenció de que no tenías talento? Tus maestros que te enseñan conceptos que nunca vas a aplicar en tu vida…

16

Detente un minuto a pensar: esas personas que se encargaron de tirar abajo tus planes y proyectos, ¿qué están haciendo en este momento?
Te doy tres opciones:
1. Investigando el origen del universo.
2. Recibiendo el premio Nobel de la paz.
3. Absolutamente nada.

Mientras todas esas personas en este momento están sentadas, mirando televisión, bebiendo cerveza, quejándose de su jefe o de sus compañeros de trabajo y diciendo frases tales como: "no queda otra" o "soy pobre" … tú estás tratando de aprender. Que estés leyendo este texto lo demuestra. Voy a repetir lo mismo que en mi libro anterior, quizás yo no sepa cómo llegar a ti, quizás este no sea el material indicado para provocar un cambio en tu vida, pero hay miles de autores que tal vez puedan tener más llegada a ti, sigue buscando y encontrarás, porque el hecho de que en este momento estés leyendo esto, es signo de que quieres crecer, cambiar y evolucionar, y déjame decirte una cosa que tal vez no te hayan dicho nunca en tu vida: *yo creo en ti, léelo de nuevo: yo creo en ti*, creo que tú puedes, que si estás en busca de esta información, tarde o temprano lograrás desencadenar todo tu potencial y todas esas personas que hoy se ríen de ti, mañana te admirarán. ¿Sabes lo que le decía la mujer de Edison cuando intentó más de doscientas veces hacer que la bombilla eléctrica funcionara, cuando fracasaba una y otra vez? Imagínatelo… Ahora mi pregunta es: ¿Cómo se llamaba la mujer de Edison? Nadie la conoce, esa es la diferencia.

Yo estoy de tu lado que estás tratando de concretar tus sueños, no del lado de los mediocres que tratan de sabotearlos.
Y si todavía no estás tratando de alcanzarlos, entonces ¿qué estás haciendo con el tiempo que te queda de vida?

Desperdiciando tu vida

¿Alguna vez te has puesto a pensar que vas a morir? Sí, vas a morir ¿increíble no? Todos esos sueños que tienes van a desaparecer, a todas esas personas que hoy amas y odias, que cruzas por la calle, a las que les compras el periódico, el pan y saludas en el transporte público… no las verás más. Y te resulta increíble por la sencilla razón de que tu cerebro no está capacitado para asumir la extinción de tu vida, si yo te pidiera que imaginases tu muerte, para tu mente sería imposible hacerlo, ninguna de las maneras que puedas imaginar de cómo vas a morir será aceptada por la parte más primitiva de tu cerebro que es el tronco encefálico o sistema reptiliano, que es la encargada de mantenerte con vida. Pero por más empeño que pongas en negar la muerte, en alejar a tus hijos de ella, en evitar hablar de ese tema: la muerte llegará a tu vida y está más cerca de lo que te imaginas.

¿Qué edad tienes? Por extraño que parezca, ese tiempo ya pasó, rapidísimo, se fue, se consumió en lo único que te queda ahora: el hoy.

¿Estás trabajando de lo que te gusta? ¿Tomas decisiones importantes en tu trabajo?
Si vendes tu vida a un trabajo que no te gusta, si no tienes por qué vivir, si no encuentras motivos para levantarte a la mañana, entonces pasarás una vida vacía. Por eso, si estás haciendo un trabajo que no te gusta, lo mejor que puede sucederte es que te echen. Si tienes un negocio que odias atender, lo mejor que puede pasarte es que quiebre.

Párate frente al espejo, mira tu rostro, mira las cosas que tienes, mira las personas que te rodean, mira el trabajo que haces…Porque si sigues haciendo las mismas cosas que hasta ahora, conseguirás solo más de eso.

¿Qué hiciste hasta ahora para que tu vida sea genial? ¿Estás cambiando o intentando cambiar tu realidad? ¿Cuántos cursos de capacitación tomaste este año? ¿Cuántos libros leíste el último mes?

¿Cuáles son tus excusas?
- Mis amigos me sabotean.
- Mi pareja me subestima.
- Mi jefe me explota.
- Mis compañeros me maltratan.

¿Quién crees que es el culpable de todo eso?

¿Conoces el nombre de tu bisabuela? Seguramente no. ¿Sabes qué hizo con su vida?
Manejo tres posibilidades:
1. Fundó la biblioteca de la ciudad.
2. Subdividió el átomo.
3. Absolutamente nada.

¿A dónde planeas llevar de paseo a tu familia hoy? Seguramente a ningún lado, y te excusarás en que no tienes dinero, pero tu familia está esperando tiempo de calidad, dedicado a ellos. Una plaza de juegos o de recreación, es totalmente gratis en todas partes del mundo. Si tu excusa es el dinero, permíteme decirte que lo único que estás haciendo es mintiéndote a ti mismo. O ¿acaso cuando tengas dinero vas a hacer algo al respecto? Si a ti no te gusta pasar tiempo con tu familia, el dinero hará que te guste menos…

¿Qué vas a hacer hoy? ¿Ir nuevamente a ese trabajo que odias? Ok, quizás hoy precisamente no puedas abandonarlo, porque tienes obligaciones, cuentas que pagar, hijos que mantener… pero ¿hasta cuándo lo harás? ¿Qué fue lo último que hiciste para conseguir lo que querías?

¿Qué libro o curso de capacitación vas a leer o ver hoy? Seguramente ninguno… ¿y así esperas poder cambiar de trabajo? ¿Así esperas que tu vida sea genial?

¿Qué estás haciendo con el tiempo que te queda de vida?

La espera eterna

"No me puede ir mal toda la vida". Sí, te puede ir mal toda la vida.

"La suerte va a cambiar". La suerte no va a cambiar, a menos que tú hagas algo para que cambie.

"Algún día lo voy a hacer". Toma un calendario de cualquier año y dime ¿dónde figura la fecha "algún día"? "Algún día" no existe en ningún calendario.

¿Vas a seguir esperando que tu suerte cambie? ¿Qué tipo de situaciones estás alentado dentro de la comodidad?

Toda vida viene con una sentencia de muerte. En algún momento esa sentencia se va a ejecutar, mientras tanto asegúrate de estar al mando, de tomar el control de tu vida, que lo único que no puedas controlar, sea esa sentencia.

Cuando vas en busca de tus sueños y haces todos los días una acción para alcanzarlos, cuando decides transformar tu vida e ir hacia un propósito, no tienes idea de cómo cambia tu estatus, la forma en la que se te mira, tu confianza propia, tu fisonomía, tu estado de ánimo, tu energía y predisposición.

"Cuando estás en el camino correcto, todos los paisajes te resultan familiares."

Si dejas de esperar que las cosas pasen y comienzas a accionar para que las cosas pasen, serás el artífice de tu destino, y no una marioneta de las circunstancias.

Si esperas que las cosas sucedan por arte de magia, entonces si lo hacen, solo serás un espectador con suerte, si en cambio, tú haces que las cosas pasen, serás un protagonista con talento.

Si quieres puedes ser tan frágil y débil como todos aquellos que ante una situación adversa en lugar de intentar resolverla, se ponen a rezar, meditar o piden a gritos por ayuda… pero déjame decirte que la bolsa de dinero no te caerá en la cabeza y el problema no se resolverá solo.

Responde con sinceridad: ¿Así vivirás el tiempo que te queda? ¿Seguirás aguardando como idiota a ganar la lotería, a que cambie el presidente o que deje de llover? Permíteme decirte que tu vida se volverá una espera tediosa sin resultados positivos, ¿sabes por qué lo sé? Porque hasta ahora, a nadie esa forma de conducirse le ha dado ningún resultado, y ¿sabes por qué? Porque los que se conducen de esa forma no son los genios, talentosos, ni las personas inteligentes.

Puedes cambiar tu comportamiento mediocre a un comportamiento inteligente en un segundo, recuerda que siempre estás a un pensamiento de cambiar tu vida. ¿Qué estás haciendo con el tiempo que te queda de vida?

Tirando años a la basura

Un día la película de tu vida pasará frente a ti, haz que valga la pena mirar, haz que tu vida tenga un significado, que tus días sean un verdadero placer vivirlos. Ocurre que, si nos preguntan, por ejemplo: ¿Cómo quién te gustaría vivir? O ¿La vida de quién te gustaría tener? Allí se nos ocurren mil ejemplos de artistas famosos, deportistas, empresarios y demás... pero ¿a quién le gustaría vivir tu vida? Seguramente a nadie. Y la ventaja que tienen ellos es que no tienen que hacerlo, pero tú sí.

Te dieron esta oportunidad llamada vida, conformada de tiempo que tú tiras a la basura día tras día. Te dieron un talento que tú te encargaste de sepultar. Y, aun así, aun después de haber hecho todo lo que estaba a tu alcance para sabotearte, todavía estás a tiempo, y eso es lo fabuloso de todo esto, que si ahora lo estás buscando quiere decir que ahora es el momento adecuado, quizás si esta información llegaba a ti en otro momento, la hubieses desechado.

Hasta hoy no has echado mano a todos tus recursos, y ¿sabes cómo lo sé? Porque siquiera sabes cuales son todos tus recursos.
Sé dos cosas sobre ti:
1. No estás conforme con tus resultados.
2. No sabes qué hacer para cambiar tu vida.

Si no has investigado en las causas internas que te condujeron a los resultados que hoy tienes, si no has profundizado en los pensamientos iniciales que establecieron tu conducta, entonces no esperes aplicar ninguna técnica a tu vida para poder cambiarla. Nada te dará resultado. No hay ninguna fórmula que altere tus creencias, no existe motivador que pueda convencerte de nada, y ningún consejo ni de tu amigo más cercano te será útil.
La única razón por la cual la gente cambia y transforma su vida, es cuando cambia su diálogo interno. Cuando se hace las preguntas correctas y encuentra las respuestas justas.

Existe una práctica, la más desconsiderada del planeta, una práctica que desgasta tus años, entreteniéndote torpemente. Esa práctica se la conoce como "pasatiempos". Una práctica que desperdicia tu vida. La gente se establece pasatiempos como si el tiempo no fuese a pasar de todas maneras, y como si ese tiempo que pasa no fuese un pedazo de nuestra vida que se escapa. El tiempo es el material del cual está compuesta la vida y te lo repetiré mil veces si es necesario.

¿Vas a seguir malgastando tus días en pasatiempos? ¿Todavía no te diste cuenta de que esta será la única vida que vas a vivir? ¿Qué estás haciendo con el tiempo que te queda de vida?

¿Es realmente feliz un retardado mental?

"La ignorancia es dicha" reza la frase popular. Durante toda mi vida, mi trabajo en la Superación Personal consistió en desacreditar casi todas las creencias populares. Y cada uno de los argumentos que sostienen mis teorías, pueden entenderse de manera simple y sencilla y están basados en una simple premisa: el pueblo es ignorante y la gente en conjunto es como un niño pequeño. Casi todas las frases que la gente ha repetido sin cesar a lo largo de la historia: o son falsas o son ciertas y no sirven para nada, o sea, sirven solo para amargarte la vida y estancarte, casi nunca para impulsarte.

Sinceramente no sé si la ignorancia es dicha y si un retardado mental puede ser feliz, particularmente creo que puede ser todo lo feliz que esté capacitado para entender. Como ya dijimos, la felicidad es solo un concepto, un estado mental que la mente puede generar mediante la segregación de ciertas sustancias. Sin embargo, la felicidad tiene algo más profundo, y es la manera y la razón por la cual esas sustancias se segregan, de otro modo podríamos comprar felicidad química en cualquier farmacia.

La ignorancia nunca es dicha, ignorar nunca es sinónimo de felicidad. Sí esto fuera cierto todos estaríamos dándonos la cabeza contra una pared hasta destruir nuestro cerebro y quedar estúpidos. Pero lo que queremos, además de ser felices, es tener la facultad de poder disfrutar esa felicidad.

Estamos en un mundo que fue concebido por la idea la felicidad eterna: "fueron felices para siempre…" decían todos los cuentos que leímos desde niños. La realidad es que no existe la felicidad eterna, y somos tan estúpidos de creer que podemos conseguir algo que no existe y que por ende nadie tiene, y nos hemos convencido de que si no tenemos eso que nadie tiene porque ni siquiera existe, entonces somos unos fracasados.

Comienza a cambiar de una vez, todas estas creencias que no te llevan a ningún sitio y pregúntate: ¿Qué vas a hacer con el tiempo que te queda de vida?

Opinología

Todos somos buenos criticando, opinando y juzgando. Pero antes de evaluar y emitir juicios sobre el trabajo o la forma de pensar o aplicar de otros, respóndeme:

¿Cuál fue la última idea que se te ocurrió? ¿Cuál fue tu última obra? ¿Dónde podemos verla? ¿Qué aporte hiciste al mundo, al arte, al deporte o la ciencia? ¿Desde cuándo tus opiniones son verdades absolutas? ¿Qué te respalda para emitir los juicios que emites? ¿Todas esas convicciones que tienes arrojaron resultados positivos a tu vida?

Si evitas criticar, evitarás perder tiempo valioso que puedes emplear en tus propios objetivos. Recuerda que la opinión más importante tiene que ser la tuya, lo que realmente interesa es que tú disfrutes, que te sientas bien con lo que haces. Por eso no debes permitir que esas opiniones te quiten algo que amas, aunque lo hagas mal. Deja que ellos hagan, de manera excelente eso que tanto odian, que ese es el primer paso de la infelicidad y del fracaso. Tú dedícate a hacer lo que quieras, lo que te de placer, aunque no tengas el más mínimo talento.

Opinar y criticar son dos de los trabajos más sencillos que existen, por eso casi todos los inútiles optan dedicarse a ellos.

Responde con sinceridad: ¿A eso quieres dedicarte? ¿Es eso en lo que te vas a enfocar? ¿En la vida de otras personas? ¿Qué vas a hacer entonces con tu vida? ¿Dejarla de lado para entrometerte donde nadie te requiere?
¿Qué vas a hacer con el tiempo que te queda de vida?

Baja a la realidad

La realidad no va a cambiar porque tú mires para otro lado, a la gente le encanta vivir en una fantasía, se miente a sí misma para edificar un mundo estructurado en parámetros ficticios.

Y así vivimos proyectando sobre promesas que nos hacemos a nosotros mismos acerca de un futuro irreal:
- Algún día cambiaré…
- Si me gano la lotería…

Bajar a la realidad es lo que marca la diferencia entre los soñadores y los realizadores. ¿Por qué la gente se miente y se engaña a sí misma? Por una simple razón: ese mundo ficticio que han construido es por lejos mucho más agradable que el que tienen a su alrededor, que el que tienen que vivir a diario.
Mientras más tiempo pasemos viviendo en sueños, menos tiempo ocuparemos en convertir ese sueño a una realidad.

Vivir en la realidad no significa deteriorar nuestra imagen propia, mucho menos ser pesimista.
Pensar que soy hermoso o pensar que soy horrible es vivir fuera de la realidad. La primera es menos nociva que la segunda, de eso no hay duda, pero en tanto no aterricemos en la tierra, sin dejar de soñar, nuestros sueños seguirán siendo tan solo eso: sueños.

¿Qué vas a hacer con el tiempo que te queda de vida?

La técnica DDJ (déjate de joder)

Como ya lo habrás notado, no pretendo ser complaciente contigo, sé que por momentos voy a sonar como un padre que está retando a su hijo, pero no escribí este libro para agradarte, sino para que despiertes antes de que sea tarde. Por esta misma razón, espero que sientas la efusividad de mis preguntas, la convicción de mis afirmaciones, la lógica de mis teorías y la veracidad de los métodos y fórmulas que voy a compartir contigo. Ojalá que mis palabras te duelan y te enfurezcan, así dejas de perder el tiempo en tanta mediocridad y replanteas tu vida de otra manera. Espero que sientas la fuerza de todos estos conceptos que pretenden ser una patada en tu consciencia. Para eso elaboré esta técnica: ¡déjate de joder!

<u>Déjate de joder con el rencor</u>

El rencor a la única persona que lastima es a ti. El rencor es como agarrar una braza con la mano desnuda y arrojársela a tu enemigo, lo vas a quemar a él, pero no vas a poder evitar quemarte a ti mismo. La pregunta más lógica sería ¿qué puede hacerle el rencor a tu enemigo? ¿Le va a doler la cabeza? ¿Va a fundir su negocio?
No, no le va a suceder absolutamente nada.
El rencor es un cáncer en el alma que no logra ningún propósito. La persona a la que le tenemos rencor, siquiera se acuerda que existimos. El único que está sufriendo eres tú.

Perdónalo o perdónala y te estarás librando de una carga que solo dificulta tu progreso. Muchos dicen: "es que no me vino a pedir perdón" ¿Qué importancia tiene eso? No lo estás haciendo por él o por ella, lo estás haciendo por ti. Y cuando digo perdónalo no digo que seas un idiota, digo que no cargues esa mochila en tu espalda. Cuando hablo de perdón no hablo de que olvides lo que te hizo porque eso es una estupidez, si olvidas lo que te hizo, te lo volverá a hacer, hablo de que te olvides de esa persona.

En un momento de ira puedes matar a alguien y pasar el resto de tu vida en la cárcel. En un momento de ira puedes lastimar a las personas que más quieres, puedes decir las cosas más crueles… por eso, evitar este tipo de sentimientos nos puede ahorrar momentos muy desagradables. El enojo es inevitable, pero el odio es optativo.

Dedicar el enfoque de tus energías en odiar a otra persona, tanto como precipitarte en una discusión y llevarla a otro nivel de agresión, solo te traerá dificultades. Recuerda que tu temperamento te mete en problemas y tu orgullo te mantiene allí.

¿A dónde te vas a llevar todo el cariño que tienes para dar? ¿A la tumba? Déjame decirte algo, en la tumba los gusanos no van a necesitar tu cariño.

¿Cuándo fue la última vez que le dijiste a tu hijo que lo querías? ¿Cuándo fue la última vez que le dijiste a tu mejor amigo que lo apreciabas? ¿Cuándo fue la última vez que le dijiste a tu pareja que la amabas?

¿Qué vas a hacer con el tiempo que te queda de vida?

No existe el fracaso

Déjame hacerte una pregunta ¿Cuántas veces fracasaste? ¿Cuántas cosas te han salido mal? ¿Con cuántas parejas creíste que ibas a estar toda la vida y no funcionó? ¿Cuántos trabajos perdiste? ¿Cuántos

empleos no obtuviste? ¿Cuántos de tus negocios se fundieron? ¿Cuántos de tus proyectos se vinieron a pique? ¿Cuántas de tus ideas quedaron en la nada?
Y ahora la pregunta más interesante aquí es: ¿Qué han hecho todos esos fracasos contigo? ¿Te quitaron el habla? ¿La capacidad de crear? ¿La facultad de resolver? ¿Te hicieron menos atractivo?

Tengo tres posibles respuestas:
1. Nada.
2. Nada.
3. Absolutamente nada.

El único problema del fracaso es que creemos en él. La única manera en que puede dañarnos es si se lo permitimos.

Si piensas que eres un perdedor estás decidiéndote a fracasar.

"No vueles tan cerca del sol o te quemarás", "No vivas tan alegremente porque cuando te deprimas, caerás a un hoyo muy profundo". A veces estos conceptos nos involucran en fracasos determinantes haciéndonos creer que el hecho de fracasar es similar a una enfermedad terminal. Y esto ocurre en todos los niveles en los que nos dejamos influenciar por nuestra estupidez. Si tu pareja te abandonara hoy mismo, piensa con detenimiento y contesta: ¿Qué te sucedería a nivel real? ¿Se te caería el cabello? ¿Tu jefe te reduciría el sueldo porque la razón de tu último aumento fue que tu pareja permaneciera contigo? ¿Tu hígado comenzaría a fallar? ¿Tus ojos en lugar de ser celestes se volverían marrones?
La respuesta es ¡No! Nada de esto te sucedería. Nada de nada te sucedería. Pero tenemos en nuestra mente, instalada la premisa de que un fracaso es algo devastador y ante ese pensamiento, nuestra mente actúa en consecuencia.

A veces cometemos un error y enseguida, cuando lo descubrimos, nos preguntamos ¿cómo pude ser tan idiota de cometer ese error? Lo que sucede aquí es que nuestra mente inmediatamente que algo no funcionó, procesó la información nueva y nos otorgó otra solución, que quizás en un primer momento hasta nos pareció absurda. Y de la misma manera que ahora no entiende cómo pudimos tomar esa decisión, no entendía antes cómo hemos tomado esta otra.

¿Qué ocurre cuando tenemos la idea más maravillosa del mundo y luego fracasa?
Enseguida nos parece la idea más estúpida que se nos pudo haber ocurrido, sin embargo, tanto antes de fracasar como después, la idea sigue siendo la misma y lo que conseguimos emitiendo este tipo de juicios, es que el fracaso de una idea interfiera en el valor que tienen los procesos creativos y lógicos que generaron esa idea. ¿Cómo nos sentíamos cuando estábamos diseñando ese proyecto? De la misma manera como se sienten los genios.
Puede que esa idea no haya dado resultado, pero eso no interesa, porque ya aprendimos algo más importante, que es a crear y pensar en algo nuevo, desarrollarlo y tener el coraje de implementarlo.
Por eso, la mejor forma de contrarrestar los fracasos es aprender a disfrutar de los procesos, aprender a disfrutar del viaje. El fracaso suele ser la consecuencia de realizar una acción sin la suficiente preparación. Pero eso solo se puede revertir poniéndola a prueba.

Si crees en el fracaso, este se convertirá en tu dios personal y entonces deberás rezar cada noche por la muerte de tus sueños, de tus proyectos y sobre todo de tu vida.

¿Qué vas a hacer con el tiempo que te queda de vida?

Éxito imaginario

¿Hay algo peor que el fracaso? Sí, el éxito imaginario.
En un fracaso podemos aprender de la experiencia, experimentar, evaluar y pensar. En el éxito imaginario, que es una fachada de una realidad tergiversada, nos perdemos a nosotros mismos y perdemos el rumbo de una manera que parece tan real, que incluso nos cuesta aceptar que no estamos teniendo éxito.

Por lo general, vivimos en éxitos imaginarios sin darnos cuenta. El éxito es solo la sensación que experimentamos, nadie puede decirnos si somos exitosos o no, como nadie puede decirte si estás o no enamorado. Entonces, si es la sensación y la sensación es algo íntimo que solo la persona mide, ¿de qué hablamos cuando hablamos de éxitos imaginarios?

Pongamos un ejemplo: muchas personas consideran al dinero como sinónimo de éxito, y estaría perfecto, de hecho aunque está en cada uno evaluar qué porcentaje de esta afirmación es válida o no lo es, lo cierto es que si somos exitosos, si somos buenos en algo, si nos sentimos bien en nuestro trabajo, en nuestra vida personal, profesional, artística, o en el área que fuera que nos consideremos exitosos, es inevitable que con el correr del tiempo manteniéndonos en ese éxito, ganemos dinero y mientras mejor y más exitosos nos consideremos, más gente se sumará a nuestra causa, más oportunidades atraeremos y más nos pagarán por lo que sea que hagamos.
Pero notemos que aquí el ganar dinero pasa a un segundo plano, porque el ganar dinero fue una consecuencia directa de nuestro éxito y no fue el éxito una consecuencia del dinero. Y este es el error que nos hace experimentar éxitos imaginarios, las creencias en cuanto a los silogismos que determinan nuestro pensamiento.
Voy a dar un ejemplo claro:

Ganamos mucho dinero en un trabajo que odiamos, en el que somos despreciados a cada instante por nuestros superiores. Este trabajo consume la mayor parte de nuestro tiempo. Llegamos al final de nuestras vidas, con mucho dinero, pero nos hemos perdido el crecimiento de nuestros hijos, toda nuestra juventud, nuestro matrimonio, salidas con amigos, y además estamos estresados, o enfermos del corazón. Podemos asegurar que eso es o fue éxito real. De ninguna manera.

Hoy en día los libros y cursos de Superación Personal, de cómo hacerse rico y de ley de la atracción, son de los más vendidos en todo el mundo. ¿Por qué? Porque la gente está desesperada por ser alguien, pero no tiene idea de cómo lograrlo. Por lo tanto, esta información que hoy llega a ti es para ser valorada especialmente. Comienza a preguntarte ¿de qué manera puedo conseguir sentir esa satisfacción de lograr lo que quiero para mi vida? Porque estas preguntas son las que tu mente necesita para cambiar el enfoque, la mente no se puede quedar sin respuesta tal y cómo lo predice la Ley de Cierre de la Gestalt. Una vez que una pregunta entra a tu mente, esta buscará la respuesta y no descansará hasta no dar con ella. Por eso es muy importante que te hagas las preguntas adecuadas, si tú te preguntas: ¿Por qué me pasa todo esto? Tu mente te responde: porque eres un idiota. A preguntas necias, respuestas necias. Comienza a preguntarte sobre cosas significativas, cosas que puedan llegar a alterar tu destino.
¿Qué vas a hacer con el tiempo que te queda de vida?

Programación

Grabas un CD con música del artista que te gusta, lo dejas veinte años guardado sobre un armario. Luego, un día, lo vuelves a oír. ¿Qué música se escuchará? La misma que tenía cuando lo guardaste.

El cerebro se programa de la misma manera, lo que aprendimos de 0 a 6 años es la información más importante de toda nuestra vida, porque queda perfectamente establecida ahí, ya que el cerebro del niño crece en ese lapso, dos tercios de lo que va a crecer en toda su vida adulta.

Si yo digo o me dicen desde niño que soy un idiota, dentro de veinte años cuando me pregunten ¿qué eres? Responderé: "Pues, un idiota". Y cada vez que quiera intentar algo y no me funcione, estará esa vocecita en mi cabeza que repetirá: "nada te sale bien, si eres un idiota".

Ahora, lo que sucede es que a un CD lo puedo regrabar de manera muy sencilla, en el caso que sea regrabable, como lo es nuestro cerebro. Bastaría con elegir una nueva música y regrabarlo.

El cerebro en un primer momento podría funcionar de la misma manera, en cuestiones lógicas sería muy sencillo: si tenemos una idea errónea acerca de algo, ante cualquier persona que nos demostrara, mediante fundamentos, que estamos equivocados, nuestro cerebro acomodaría la nueva información, reemplazando a la información equivocada. Pero a la hora de reprogramar lo que tiene que ver con lo emocional, que es la manera en la que guardamos los recuerdos en nuestra memoria, con condicionantes emocionales, nos enfrentamos con un serio inconveniente: durante todo ese tiempo en el que esa idea estuvo almacenada, estuvimos reafirmándola una y otra vez. Por eso es tan difícil cambiar la manera de pensar, por eso nos arraigamos a viejas teorías, aunque no den resultados, debido a que, durante un periodo considerable de tiempo, toda idea que se instaló en nuestra mente la fuimos ratificando, llegando a conformar un espiral cíclico que refuerza los hechos que se suceden por estas ideas y reafirmándolas con los hechos que ellas mismas provocaron.

¿Cómo se resuelve? Capa por capa hasta la raíz. Como si hubiésemos pintado una pared cientos de veces, debemos remover cada una de las capas de pintura.

¿Qué estuviste pensando hasta ahora? ¿Que eras un tonto? ¿Un bueno para nada? Permíteme discernir contigo, tú no eres nada de eso.

Entonces, ¿vas a seguir pensando que eres un inútil? ¿Vas a continuar creyendo en esa información que pusieron en tu mente y que no te ha llevado a ningún sitio salvo al fracaso? ¿Qué vas a hacer con el tiempo que te queda de vida?

¿Eso es lo mejor que puedes hacer?

Imagina que tienes una hija de cinco años. Le prometes que cuando cumpla quince, la vas a llevar de vacaciones a Disney World, que va a tener una fiesta inolvidable con carruajes, en un salón inmenso, una torta de cumpleaños de cinco pisos y los regalos más maravillosos.
Le prometes todo eso por dos razones:

- La primera es que de verdad quieres eso para ella.
- La segunda, porque piensas que para cuando cumpla los quince años ya vas a estar en posición de poder realizarlo.

Diez años más tarde, tu hija tiene quince. Se para frente a ti y te pregunta: ¿Y el viaje a Disney? ¿Y la fiesta inolvidable? ¿Y todo lo que me prometiste?

Bueno, esa es tu mente. Durante toda tu infancia le has prometido cosas que rara vez cumples. Y ahora está dentro de tu cabeza repitiéndote: ¿Y esto era todo? ¿Esto es lo mejor que puedes hacer?

Observa con detenimiento lo último que hayas hecho, el último trabajo, la última tarea que hayas realizado, ahora se honesto contigo mismo y responde: ¿eso es lo mejor que puedes hacer?
Evalúa tu vida y tus resultados hasta ahora, ¿eso es lo mejor que puedes hacer?

¿Vas a seguir haciendo las cosas a medias? ¿Vas a abandonar esos sueños que le prometiste a tu mente cuando eras niño, por la sola idea de conformidad?
¿Qué vas a hacer con el tiempo que te queda de vida?

Volver sobre tus pasos

Cierta vez una amiga llegó a consultarme sobre una decisión que debía tomar, quería conocer mi opinión al respecto. Su idea era volver con su exnovio. Para explicarle lo que pensaba sobre esa decisión le hice una pequeña analogía de las que me gustan a mí. Cerca de donde ella vivía había una ruta que iba desde la localidad de Los Cardales a otra localidad que se llama Río Luján, es una carretera de ocho kilómetros aproximadamente, que comunica estas dos ciudades. Si yo estoy en Los Cardales y tomo hoy esa ruta, ¿a dónde llegaré? Sin duda a Río Luján. Si la tomo mañana. ¿Dónde crees que me va a llevar? A Río Luján. Y si descanso durante un año, conozco nuevas rutas y luego vuelvo a retomar esa ¿A dónde crees que me conducirá esta vez? A Río Luján…Si tú quieres ir a otra localidad, tienes que cambiar de ruta, porque esa ruta te lleva a Río Lujan.

Bueno, volver con tu ex, regresar a un viejo trabajo, es como pretender llegar a otra localidad tomando la ruta que va a Rio Lujan… imposible. Esa ruta solo va a Río Lujan. Tienes dos opciones:

1. Puedes tomar esa ruta, llegar a Río Lujan y convencerte que estás en otra localidad. Pero con el tiempo te darás cuenta de que son las casas de Río Lujan, la gente de Río Lujan, las calles de Río Lujan… ¡Porque estás en Río Lujan!
2. Puedes cambiar de ruta y tomar la que va a otra localidad.

Volver sobre tus pasos es como intentar convencer a tu cerebro de que ese pozo en el cual caíste una vez, en realidad no era un pozo. Volver sobre tus pasos es el primer desencadenante para hacerte tonto a ti mismo, porque para hacerlo, primero debes convencer a tu mente de lo estúpida que es, y si lo logras, ¿eso es realmente lo que quieres? ¿No solo que los demás piensen que eres un idiota, sino que tú también lo sepas?

Volver sobre tus pasos es hacer las mismas cosas y esperar resultados diferentes. ¿Sabes cómo sé que las técnicas de Superación Personal funcionan? Porque hasta ahora te funcionaron al revés. Si hiciste, actuaste y pensaste como lo hacen los fracasados ¿qué eres ahora? ¿Exitoso? No lo creo.

¿Qué vas a hacer con el tiempo que te queda de vida?

Agendas vacías

La mayoría de las personas tienen agendas con páginas vacías. Si uno tomara como referencia lo que dicen sus agendas, ese día estuvieron muertos, porque no hicieron nada.
Un día sin acercarte a tu meta es un día que te has alejado de tu objetivo, porque el día no regresa, es tiempo perdido y no se puede compensar.

La agenda de Aristóteles Onassis te cansaba de solo leerla. Su mayordomo la leyó un día y al finalizar se preguntó: ¿En qué momento descansa?

¿Qué hiciste hoy? Tengo tres opciones para ti…
1. Estuviste investigando para descubrir la vacuna contra el cáncer.
2. Desarrollaste una nueva teoría en la física cuántica.
3. Absolutamente nada.

Déjame arriesgar: hiciste el mismo trabajo repetitivo, superfluo e intrascendente que vienes haciendo hace años y después te preguntas ¿por qué no puedes salir adelante? ¿De verdad no sabes por qué?

La mayoría de nosotros vivimos los días con agendas llenas de nada. Otros con agendas con mil planes de los cuales la mitad no anotamos y la otra mitad sí anotamos, pero no realizamos.

Si queremos que nuestros proyectos no estén en el aire, deben aterrizar sobre el papel, es decir por escrito. La agenda de papel nunca podrá ser suplantada por la agenda portátil o electrónica, no tiene a nivel subconsciente el mismo impacto, cuando nuestra mano toca el papel y dibuja las letras, nuestra mente reconoce nuestra letra y la asocia a algo que queremos alcanzar, a eso que responde a la pregunta más importante del mundo. A la única pregunta que realmente interesa: ¿Qué vas a hacer con el tiempo que te queda de vida?

7 autocastigos

Cada persona que está en la cárcel se ha provocado ese daño a sí misma. Cada persona que tiene cáncer de pulmón por haber fumado durante toda su vida, también ese daño se lo ha provocado a sí misma.
Existen siete castigos que nos infligimos a nosotros mismos y que pueden ser identificados para quitarlos de nuestras vidas.

La ira: es como tomar veneno uno y esperar que se muera el otro. La ira nunca cambia su naturaleza porque proviene de nuestra mente, no podemos controlarla, no podemos evitar sentirla, pero sí podemos optar por la duración en que ese sentimiento se mantendrá en nosotros y también podemos decidir cuánta importancia le asignamos y la repercusión que ella tendrá en nuestro comportamiento. Si dejamos que el sentimiento de ira se prolongue lo suficiente, entonces este se transformará en odio y en rencor. Hay gente que vive sacudida por estadios de ira constante. Cualquier cosa los altera y están siempre dispuestos a una disputa, la realidad es que sus resultados no son muy envidiables.

El rencor: ya lo dijimos, el rencor es como tomar una braza con la mano desnuda y arrojársela a tu enemigo, lo vas a quemar a él, pero no vas a poder evitar quemarte a ti mismo. Guardar rencor en el alma es como guardar basura en el armario, no solo no sirve para nada, sino que contamina todo lo demás.

La culpa: mucha gente no avanza porque se siente culpable y no cree merecer que le sucedan cosas buenas. No se permite disfrutar porque otros sufren. Ahora, sufrir con ellos ¿aliviará su dolor? No. Pero al intentar crecer, puedes ayudarlos.

Las limitaciones personales: por lo general las limitaciones nos las ponemos a nosotros mismos. Nos rendimos antes de empezar. Estas limitaciones debilitan nuestra confianza y coartan las acciones que me conducirían a los resultados que deseo.

El juicio destructivo: el juicio destructivo es una evaluación errónea de nuestra propia realidad. Tendemos a pensar de todos los acontecimientos adversos que: van a durar para siempre, siempre me suceden a mí, la culpa es toda mía y no lo voy a resolver nunca. ¿Existe una peor manera de juzgar las cosas?

La autolástima: la gente prefiere ser compadecida que realizarse, el sentimiento de lástima por mí mismo es lo que me genera muchas de las depresiones que voy a experimentar. Sentir lástima por mí mismo hace que me hunda en mi interior. La víctima nunca es muy exitosa y victimizarnos no nos conduce a cambiar nuestra realidad.

La queja: nos quejamos sobre cosas que no podemos cambiar, y pasamos a programar la mente para la queja, ¿por qué hacemos esto? Porque la queja no requiere soluciones, no obliga a la mente a trabajar, entonces como la mente es perezosa, va a preferir quejarse a buscar soluciones.
Una vez que empezamos a quejarnos, la mente va a buscar quejarse siempre. Porque este es el camino de menor resistencia que encuentra.

Sin darnos cuenta estuvimos castigándonos con estos parámetros erróneos durante tanto tiempo como tenemos memoria. Reconocer los siete autocastigos es el primer paso para comenzar a apartarnos de ellos, a quitarlos de nuestro comportamiento. Empezar a identificar estos paradigmas que venimos siguiendo sin darnos cuenta el daño que le provocan a nuestra persistencia, del mal que le hacen a la concreción de nuestros sueños y del deterioro que sufre nuestra autoestima… ¿así queremos seguir viviendo? ¿Culpándonos por todo? ¿Guardando rencor a personas que ni se acuerdan de nosotros? ¿Quejándonos y compadeciéndonos a nosotros mismos? ¿Evaluando todo lo que hacemos de la manera más insidiosa? Es tiempo de comenzar a pensar en la manera en que vamos a afrontar los desafíos y en cómo vamos a diseñar nuestro destino.

¿Qué vas a hacer con el tiempo que te queda de vida?

Limitando nuestra mente

Nuestra mente es una pequeña caja que contiene todas y cada una de las partes que nos conforman como individuos. Dentro de esta caja existe un tipo de pensamiento preponderante que va a dirigir a todos los demás. Dependiendo del tipo de pensamiento que predomine, se establecerá una cadena de eventos en tu personalidad que se verá reflejado, primero en tus acciones y luego en tus resultados.

Existe un tipo de pensamiento que tiene un poder capaz de cambiar el mundo a tu alrededor, es el tipo de pensamiento que ha visitado a las grandes mentes de la historia. Puede presentarse como sueño, imaginación, intuición, idea o inspiración. No importa la manera en la

que visite tu mente, lo importante es que viene acompañada de una fuerza de expansión.
La misma fuerza que opondrá tu cerebro para frenarla.

Yo lo llamo "pensamiento explosivo". Cuando este tipo de pensamiento llega a nuestra mente, por lo general se encuentra ante una barrera funcional a la que he bautizado "sistema de pereza". Cada vez que estas ideas surcan nuestra mente, nuestro cerebro las aniquila con todo tipo de pensamientos limitantes que fue recogiendo a lo largo de su vida y que establecieron un mecanismo para obligarnos a que abandonemos. Estos límites mentales que se fueron fijando en nuestro cerebro automático para dar respuestas instantáneas a las circunstancias que nos rodean, están establecidos en nuestra forma de pensar, condicionando nuestro comportamiento.

La mente y el cuerpo trabajan en conjunto, y ambos son perezosas. Tu cuerpo y tu mente no quieren hacer nada, solo buscan el camino de menor resistencia. Por esto mismo, intentarán poner todas las excusas posibles para evitarnos pasar a la acción, en primer lugar, desestimando este tipo de pensamientos explosivos.
- Es una locura.
- No se puede hacer.
- Seguro ya está inventado.

Si llegara a atravesar la argumentación mental, entonces el organismo empleará sus últimos recursos para que desistamos de ponernos en marcha.
- Estoy viejo para hacerlo.
- Empiezo mañana.
- Ahora tengo otras ocupaciones.

Hasta ahora quizás estuviste conduciéndote con estas limitaciones, sin notar que estabas robándote a ti mismo, quitándote capacidades y oportunidades y lo más importante, evitando el pensamiento explosivo. Te invito a que comiences a identificarlas.

1- Conformismo adquirido.
El conformismo adquirido es una forma de actuar en base a que lo que tengo, no es lo que quisiera, pero es lo que me alcanza. "Con esto es suficiente", dice la mentalidad mediocre. "Hice lo que pude", es la frase número uno del conformismo adquirido y muchas veces "hice lo que pude" no es "hice todo lo necesario" o "todo lo que estaba a mi alcance", sino "no lo intenté lo suficiente".
Para ello debemos establecer la diferencia entre: "Hice todo lo que estaba a mi alcance, agoté todos los recursos" o "Intenté una sola vez y sin voluntad".

2- Imposible.
"Eso es imposible" es lo que solemos decirnos cuando no tenemos el valor de intentar algo. Este tipo de pensamientos me inutiliza totalmente, porque más que un límite es una anulación, asumida desde una debilidad absoluta.

3- Manual de nacimiento.
"No nací para eso". Esta frase establece la premisa de que vinimos al mundo con un manual de instrucciones que indicaba lo que íbamos o no a poder hacer con nuestras vidas, y si nos fijamos bien cuando un niño nace, no viene con ningún tipo de cuaderno del destino, ningún contrato de trabajo, ningún manual que indique para qué va a servir o para qué no.

4- Egocentrismo invertido.

"Tengo la peor de las suertes", "el mundo está en mi contra". Esto supone que el universo está juntando mala suerte y desgracias durante millones de años y cuando tiene una buena cantidad de ellos, te los envía a ti. Esto es el colmo del egocentrismo. No eres tan importante ni para el universo, ni para Dios, ni para nadie como para que esté ocupando todos sus pensamientos en arruinar tu vida o tu suerte. Este tipo de egocentrismo es aún más dañino que el convencional.

La máquina de tortura que encendemos en nuestra mente que activa los autocastigos y los límites mentales es tan difícil de identificar como de erradicar. Como descubriremos a lo largo de este libro, nuestro cerebro tiene una fuerte predisposición hacia la necedad, la pereza, la queja, las creencias y limitaciones. Por la sencilla razón de que son los caminos más fáciles que puede tomar.

Nuestra mente subconsciente va a tomar muchísimas decisiones por nosotros que nos van a salvar la vida, pero en cuanto a lo que éxito se refiere, nuestro cerebro automático no va a tener más participación que la de hacernos fallar, porque a tu cerebro más primitivo, no le interesa tu éxito, le interesa que sobrevivas de la manera más tranquila y cómoda posible. A tu cerebro reptiliano solo le interesa que tú comas, duermas y te reproduzcas. No entiende que tú necesitas algo más para sentir que tu vida vale la pena.

Pero ¿qué sucede cuando un pensamiento explosivo se choca con una mente brillante, con un deseo ardiente de triunfo, con un espíritu constante y perseverante? Suceden las cosas más grandiosas que este mundo ha visto. Suceden las obras de arte más maravillosas y los inventos que revolucionan el mundo.

Ahora piensa un segundo. ¿Vas a seguir condicionando a tu mente con estos límites imaginarios que nada tienen que ver con la realidad? ¿Qué vas a hacer con el tiempo que te queda de vida?

Por qué yo, por qué ahora

Imagina una isla, una isla llena de gente maravillosa. Tiene un muelle de madera donde se amarran todos los navíos, palmeras frondosas, playas de arenas blancas y aguas cálidas. Es el lugar donde decidimos quedarnos a vivir.

Un día, una de las personas de esta isla se va, sube a uno de los tantos botes que hay en el muelle y se va. Al otro día, se va otra persona, y luego comienza a irse todo el mundo, pero tú te quedas. No quieres irte de ahí. De pronto descubres que no solo la isla ha quedado desierta, sino que no hay manera de salir. Las personas que se fueron se han llevado todos los botes.

Una mañana, despiertas y te das cuenta de que la isla se está achicando. Se vuelve cada vez más pequeña y, con el correr de los días, llega a ocupar solo un fragmento, una porción de tierra donde tú te encuentras parado. Hasta que la isla termina desapareciendo y ahogándote con ella.

Así trabaja tu mente durante la depresión, te va encerrando dentro de ti mismo, sin ofrecerte ningún tipo de salida…

La depresión es la nueva epidemia que aqueja al mundo, y todas las expresiones de este padecimiento, suelen manifestarse condensando un sinfín de variaciones que convergen todas, en la degradación del ser. Nos odiamos a nosotros mismos y tenemos la sensación de que no valemos nada, sensación que comprobamos a cada paso, ya que como nuestra perspectiva es el fracaso, todo lo que hacemos es fracasar. De todas maneras, nuestros logros nunca son lo suficientemente importantes, ya que nuestro mundo emocional está en ruinas o al borde del derrumbe. Sentimos una tristeza intensa y acongojante que nos trae una melancolía tácita y un temor profundo y vergonzante. Nos sofoca una ansiedad irritante y caprichosa. Nuestro intelecto se aletarga y no encuentra ninguna salida, estamos confundidos, aturdidos, sin lograr concentrarnos, nuestra memoria falla. Nuestro cuerpo lo mismo que un muerto viviente divaga tambaleando su deterioro, agotado por un insomnio acuciante, aturdido por la apatía o la irritabilidad, que danza alternando junto con una desbordante fragilidad, inquietud y pérdida de placer. La comida se vuelve insípida, la risa es un recuerdo lejano que ha sido reemplazado por un sentimiento de dolor tan insoportable, que la única solución parecería estar en el suicidio. Y la vida es eso que nos va sucediendo mientras estamos ocupados en todo esto.

La lente por la que vemos el mundo ha distorsionado tanto nuestra perspectiva, que todo lo que no es negro está tan lejos que se ha tornado inalcanzable.

Pero dentro de nosotros existe una persona que nos dice que todo esto es pasajero, que podemos cambiar nuestra perspectiva de vida, que nuestro destino depende de nuestras decisiones y nos demuestra que sí es posible, y de la misma manera que pudimos deprimirnos, podemos salir impulsados por la fuerza de nuestro espíritu.

La mayoría de la gente tiene un talento increíble para deprimirse, busca recursos a su alrededor en todo momento para lograr el objetivo de estar mal. Se conecta con gente que está peor aún que ellos mismos, llenan su mente de negativismo, su cuerpo de grasas y su espíritu de amargura. Es decir, hacen todo lo contrario a lo que estamos recomendando en este libro, y obtienen resultados, por eso puedo asegurarte de que si haces todo lo contrario serás exitoso. Si utilizaran esa misma capacidad para encontrar lo que les proporcione beneficios, hace tiempo que ya estuvieran en posesión de lo que quieren.

La persona soy yo, el momento es ahora…
Yo porque soy el ser más importante del mundo y **ahora** porque es el único tiempo que puedo manejar, en el que puedo decidir.
¿Qué vas a hacer con el tiempo que te queda de vida?

¿Quién dijo que no podías?

No te das cuenta del potencial que tienes, porque si lo hicieras cambiarías hoy mismo tu vida.

La mente solo se pone metas que sabe que puede alcanzar, a mí no se ocurriría tener como objetivo ser dueño de una estación espacial de transbordadores hacia la luna, porque no tengo la más mínima idea de qué se trata todo eso. Entonces mi cerebro nunca se va a plantear siquiera proyectar eso como un objetivo.

Tu voz interior te habla a través de imágenes que transfiere a tu mente. Por eso es muy importante descubrir cuáles son nuestros verdaderos talentos, aspiraciones y sueños. Porque nuestro instinto sabe bien en quién vas a convertirte, o qué es lo que quieres ser realmente, solo debemos seguir su consejo.

Cuando tomamos la decisión de cambiar nuestra forma de pensar, de impregnar la superación personal hasta nuestros huesos, de tal manera que no podamos rendirnos nunca hasta alcanzar nuestros objetivos, toda nuestra perspectiva se transforma, nuestra manera de pensar se torna potencialmente creativa, nuestra creatividad genial y nuestra genialidad despierta de donde sea que estaba dormida.

No es solo una idea que se me ocurre, es una serie de secuencias lógicas que tu cerebro comprende recién cuando la lente con la que mirabas el mundo se adapta a tu nueva actitud.

El primer paso es establecer el "**qué**". ¿Qué es lo que quiero? Esa es la pregunta clave de la Superación Personal, el "qué" es la sabiduría, y es el primer eslabón para luego poder planificar el "**cómo**", "cómo voy a conseguirlo". El "cómo" fija sus bases sobre la estrategia, esto quiere decir la capacitación, el estudio o la información. Solo de esta manera podremos afianzar el "**quiero**", "quiero tal cosa…" El quiero tiene que ver con la decisión, con la voluntad y la iniciativa. Todo esto para llegar a la rutinaria tarea de reafirmar el "**puedo**" y el "puedo" está ligado a la autoestima, el "puedo" es la confianza en mí mismo, es mi valor, mi fuerza y mi espíritu.

Qué: tiene que ver con sabiduría.
Cómo: tiene que ver con capacidad.
Quiero: tiene que ver con actitud.
Puedo: tiene que ver con confianza.

El amor empieza con hola y todo sueño realizado primero tuvo que haber sido soñado.

Personalmente he llegado a un punto en que la Superación Personal está tan arraigada a mí, que me resultaría más fácil comprender el cerebro de un genio de astrofísica o ingeniería nuclear que tratar de entender a una persona que me dice que no puede, que no sirve para nada, que es inútil en todo…

No creas nunca estas cosas, porque te estás haciendo tonto a ti mismo.
Tú eres más fuerte que tus miedos.
Tus fuerzas son mayores que tus dudas.
Tus deseos son más importantes que tus excusas.
Y aunque tu mente esté confundida, tu corazón siempre sabe la respuesta. Sigue a tu voz interior que te dice que puedes y deja de escuchar las voces ajenas que te dicen lo contrario.

Todo ese ruidoso murmullo de quejas, desméritos e incompetencias, a veces no te deja oír lo que tu voz interior quiere decirte. Mientras los mediocres que te rodean alientan solo los triunfos, tu voz interior te alienta cuando trabajas, cuando lo intentas.
Tu voz interior te alienta en el esfuerzo, los demás solo en el éxito.
Cuando fallas, tu voz interior está ahí para decirte que lo vuelvas a intentar, las voces de los demás están para decirte que te dediques a otra cosa.

Por eso es tiempo de consultar: ¿Quién dijo que no podías? ¿Quién te convenció de que eras un perdedor? ¿Maradona te dijo que no podías jugar al futbol? ¿Axl Rose te dijo que no podías cantar? ¿Robert De Niro te dijo que no ibas a ser actor?

¿Qué vas a hacer con el tiempo que te queda de vida?

¿Quién gobierna tu vida?

Mucha gente basa su felicidad en factores externos. Creen que lo que realmente necesitan está fuera de ellos y no dentro. Su conyugue, los amigos, la familia, el dinero, las posesiones, el placer o la religión. Sin embargo, no podemos depender de estos factores porque son totalmente volátiles. En cambio, si basamos nuestra felicidad en principios internos, estos no reaccionan, no enloquecen, ni empiezan a tratarnos de otro modo. Los principios no se divorcian de nosotros, están a salvo de incendios, terremotos o robos, no dependen de la moda, y no mueren, por lo tanto, podemos depender de ellos. Estos principios tal y como los menciona Covey son el pilar fundamental para alcanzar nuestros objetivos. En la medida en que seamos fieles a ellos, en la medida en que nos arraiguemos a nuestros principios y convicciones ganaremos a largo plazo.

Nuestra vida estuvo gobernada por creencias limitantes, órdenes derrotistas de una consciencia incompleta y aletargada, una visión nefasta de un mundo de injusticias y quejas, una interpretación de la realidad sin proyecciones, y una concepción de los hechos basados en factores inamovibles y negativos.
Si tomamos como guía la frustración que sentimos cada vez que estos conceptos manejaron nuestras expectativas, manipularon nuestras acciones y determinaron nuestro destino, avanzaremos cada vez más rápido en un camino que no conduce a nada. Nuestra percepción de la realidad es lo que determina nuestra actuación dentro de ella.
Cada persona solo puede tomar las acciones correspondientes de acuerdo con lo que interprete, es decir a la realidad que observe o crea observar. Las creencias son más poderosas que la realidad.

Por esta misma razón es que mucha gente centra su preocupación en lo que no puede resolver en lugar de centrarse en lo que sí puede cambiar. Tienen la enorme capacidad de enfocarse en los problemas en lugar de las soluciones, profetizan todas las catástrofes, más nunca son perceptivos a ninguna de ellas.

Esta forma de conducirnos es precisamente lo que estuvo llevándonos al callejón sin salida de nuestra mente. Trabajando en negativo, nuestra misma consciencia nos arrincona y nuestra mente nos acorrala en un mundo nefasto y sin escapatoria, ya que nadie puede escapar de una cárcel, si no sabe que está en una.

Comenzar a regir nuestra vida por principios es la clave fundamental para iniciar un cambio rotundo, en mi libro anterior menciono 9 de estos principios que pueden llevarte de la persona que eres a la persona que quieres ser.
¿Qué vas a hacer con el tiempo que te queda de vida?

Cambio de parámetros

Cuando tenía aproximadamente diez años lo más importante para mí, eran los videojuegos. Mi mundo, mi pensamiento, mi tristeza o felicidad dependían de si completaba o no un nivel del juego. Para la edad de veinte años, dejaron de tener esa importancia.
En un matrimonio, la pareja adquiere el carácter de importante. Luego, con la llegada de un hijo, hay una nueva cosa importante y el comportamiento de ese matrimonio, así como la direccionalidad del pensamiento en conjunto cambia.

Los ejes de nuestro mundo se desplazan constantemente a lo largo de nuestra vida, sucede con los trabajos, la familia, los amigos, los deportes e incluso los hobbies.
Nuestros focos de importancia son remplazados con el tiempo, el aprendizaje, inclusive con eventos fortuitos. La manera en que vamos a atravesar esta transición es determinante en cuanto a cómo vamos a tomar el nuevo parámetro. Tomemos por ejemplo a un jugador de golf que pierde la mano en un accidente, pero que tiene como hobby la lectura. Ahora tendrá más tiempo para leer, sin embargo, la manera en que atraviese este proceso podría variar.

1. Podría desarrollar pasión por la lectura debido a que gracias a ella pudo superar el haber perdido su mano.
2. Podría desencadenar odio porque cada vez que se siente a leer, se recordará que en realidad quiere jugar golf.

Las transiciones, las brechas y la manera en que asimilemos estos estadios será lo que determine todo evento fortuito y ajeno a nuestras decisiones en nuestra vida.
Podemos dejarnos vencer por cada desgracia, o podemos tomar la enseñanza que ese evento trae aparejada. Podemos suicidarnos cuando somos sacudidos por una ola de mala suerte o podemos surgir de entre la adversidad más agobiante, depende exclusivamente de nosotros, eso es lo mejor que tiene este juego, que siempre podemos decidir…
¿Qué vas a hacer con el tiempo que te queda de vida?

¿Quién te asesora?

Había un niño que quería ser carpintero, era su deseo más profundo. Y un día se decidió. Se levantó temprano, fue hasta la tienda del zapatero y le dijo de manera enérgica: "enséñeme todo lo que sabe, yo quiero aprender de su sabiduría y experiencia". El zapatero aceptó, le enseñó a coser, a clavar y arreglar los más variados estilos y talles de zapatos. Luego de un tiempo el niño ya era un experto en todo lo referente a la compostura del calzado. Entonces dijo: "ahora sí". Fue hasta un aserradero y encargó una gran cantidad de madera. Se dispuso a armar una silla. Tomó sus tijeras, preparó las agujas de coser y entonces descubrió que no podía hacer una silla de ninguna manera. Pero ¿cómo podía ser?, había aprendido con el mejor zapatero del pueblo…

Aunque esta historia te parezca ridícula y pienses que nadie puede ser tan estúpido, más del 80%de la humanidad lo hace, y quizás tú mismo lo hayas hecho sin darte cuenta. Te contaré la misma historia, pero con otro ejemplo.

Había un hombre que quería poner un negocio, era su deseo más profundo. Y un día se decidió. Se levantó temprano, y le consultó a su esposa que nunca había puesto un negocio, que siquiera había terminado la escuela. Su esposa le dijo que se iba a fundir, que él era un inútil, un bueno para nada… y el hombre nunca puso el negocio por atender al consejo de su esposa.

La próxima vez que prestes atención a alguien, asegúrate de responder primero a las siguientes preguntas: ¿Qué sabe esta persona acerca de lo que le estoy consultando? ¿Qué resultados tuvo? ¿Qué nivel de entendimiento tiene acerca del tema? ¿Algo de lo que dijo o predijo alguna vez se cumplió?

¿Cuántas veces vas a escuchar las críticas de este tipo de gente? ¿Cuánto tiempo más vas a permitir que te aconsejen sobre la base de no haber hecho nada con su vida?

Mejor oye el consejo de quien sí lo logró, de quien sí está capacitado para brindar información confiable, porque el consejo que escuches muchas veces puede marcar la diferencia…
¿Qué vas a hacer con el tiempo que te queda de vida?

5 factores de impedimentos

En cualquier lugar siempre hay uno que es el mejor, y ese puedes ser tú.

Con el correr del tiempo, nos vamos dando cuenta paulatinamente del rumbo que está tomando nuestra vida. Podemos planificar en algunos aspectos e incluso prever cuáles serán nuestros resultados. Quizás la experiencia tenga mucho que ver en esto. Lo que resulta sorprendente es el estancamiento, muchas veces producto de cinco factores fundamentales que impiden a la gente lograr sus objetivos:

1. **Temor:** miedo y vergüenza es la causa por la que enterramos nuestros talentos, tal y como expresa el relato bíblico. Ahora imagina que estás en el fondo de la piscina, solo hay un lugar hacia donde ir: hacia arriba, tienes todo por ganar y nada por perder. El miedo y la vergüenza es lo que frena a la mayoría de la gente. Sin embargo, todos los temores que enfrentamos son totalmente infundados, porque no son originados por peligros reales. Si nos podemos a

analizar, nos daremos cuenta de que el temor que tenemos es en realidad provocado por la vergüenza, el conocido miedo al ridículo. No hay nada más deshonroso que fallarnos a nosotros mismos, no hay nada más ridículo que no hacer lo que nos gusta, y vivir haciendo lo que odiamos. Entonces replantéate tus temores y comienza a vivir tu vida dejando de lado todos esos miedos superfluos.

2. **Baja autoestima**: proviene del diálogo interno, de cómo nos tratamos a nosotros mismos. Por lo general es un hábito aprendido que nos hace criticar, desvalorizar y sabotear a la persona más importante del mundo, es decir a mí mismo.

3. **Falta de constancia**: la mayoría de las personas abandonan las tareas que se les dificultan, y este factor en particular es el que determina en qué grupo nos colocaremos en la vida, si en el de los perdedores que se rinden fácilmente o en el de los ganadores que no se rinden nunca. La desmoralización continua es la causa de convertirnos en víctimas de nuestra propia inseguridad. Cuando no sabías andar en bicicleta ¿hasta cuándo dejaste de intentar? Hasta que lo lograste, sino hoy no sabrías andar en bicicleta.
El truco de la perseverancia es hacer algo de manera reiterada o automática que todavía no te haya dado buenos resultados. Eso es perseverar. No nacimos con más necesidades que las básicas para la supervivencia. Todas las demás las hemos inventado, nos hemos convencido de que necesitábamos tantas cosas y hoy no solo forman parte de nuestras vidas, sino que no la imaginamos sin ellas. Los hobbies comienzan como simples pasatiempos, luego se transforman en una terapia. Pasan por alguna época apasionada o de especialización hasta que un día son el foco de nuestra vida, son el motor de nuestros sueños y hasta nuestro trabajo o profesión.

4. **falta de planeamiento**: esta carencia hace que no tengamos una meta específica, que no persigamos ningún fin, y que vivamos sin un propósito. Por lo general las cosas que no han sido planeadas no salen del todo bien, o salen a medias, por eso planea tu trabajo y trabaja tu plan, ya que si no tienes un plan alguien más te hará parte de su plan. Si no haces un planeamiento de lo que quieres con tu vida, vivirás una vida a medias o como dijo Steve Jobs: "si tú no trabajas por tus sueños, alguien más te contratará para que trabajes por los suyos…"

5. **falta de inspiración:** la inspiración debe adquirirse desde que nos levantamos, proyectar afirmaciones positivas en el menú del día, en lo que nos espera en este nuevo comienzo, que será lo que nos aguardará para toda la vida. Levantarse con la motivación necesaria que nos inspire a salir. Y no olvidemos que la motivación parte de la información, si yo tengo la información de cómo hacerlo, esa misma información me puede motivar, puesto que, si tengo la receta, poco a poco puedo ir consiguiendo los ingredientes y ya no me falta más nada.

Evitando este tipo de factores que aparecen muchas veces de la nada, sin fundamentos que nos obliguen por lógica a seguirlos y que, no obstante, seguimos, guiados por vaya a saber qué motivos absurdos, es evidente que podemos construir un universo mental mucho más sólido en cuanto a bases que sostengan los principios que deberían regir una vida de calidad, siempre y cuando evaluemos: ¿Qué clase de vida queremos vivir? ¿Qué tipo de resultados queremos obtener? Porque debemos ser honestos, no todo el mundo quiere lo que tú quieres, no todos esperan tener tus resultados, solo a ti te incumbe analizar y establecer: ¿Qué vas a hacer con el tiempo que te queda de vida?

La cultura del sufrimiento

"Estoy sufriendo por ti", "tienes que querer a tu hermano", "ve y abraza a tu madre", "hay un dios en el cielo", "¿cómo no te importa tu país?".

Nuestra mente es bombardeada desde que está en pleno crecimiento con este tipo de información que manipula nuestras emociones, dirige nuestra lógica y reprime nuestra libertad más profunda: "el libre albedrío".

Es tiempo de comenzar a elegir nosotros mismos en qué creer, a quién querer, y decidir qué vamos a sentir. Si debilitamos nuestro mundo emocional que es el eje de nuestro comportamiento, debido a que las emociones siempre serán más determinantes que las razones, desarrollaremos reacciones adversas, que arrojarán tarde o temprano resultados negativos. Todo lo que vengo pensando, desencadenará estados de ánimo, comportamientos y demás, pero lo que ocurre en un momento determinado que puede sacudir nuestros sentimientos, a veces logra desbaratar todo eso en lo que veníamos creyendo y pensando. Por lo tanto, erigir un templo lo suficientemente poderoso en nuestro corazón forjado desde lo más íntimo de nuestra consciencia nos permitirá siempre estar en armonía con esa persona que en realidad somos.

Las frases mencionadas, junto con muchas más del mismo estilo, identifican la cultura del sufrimiento, una cultura que revive nuestras facultades de victimizarnos por todo. Estas sensaciones de culpa infringidas se transmiten de padres a hijos, de profesores a alumnos, entre amigos, compañeros y hasta la propia pareja. En realidad, reflejan un escenario ecuménico para la tragedia en la que nos gusta vivir. Pareciera que el planeta es el estadio de una competencia mundial de quién sufre en mayor proporción, como si ello condujera a un premio o recompensa. La mayoría de los seres humanos quieren tener el título de expertos en dolores y sufrimientos.

Las creencias son el primer factor de influencia de esta programación. Creemos que creemos en esto que nos dicen, y cuando nos convencemos de ello es que nuestra mente llena los espacios con conclusiones que elabora de premisas nocivas. Ocurre que nadie puede ordenarnos qué sentir, cómo pensar, a quién extrañar, en qué creer. Esas son tus decisiones y dejarte caer en la cultura del sufrimiento que hace del dolor un dios, del fracaso un atractivo, de la pobreza un honor, de la muerte un ritual, del odio un orgullo, y de la ira un patrimonio es también tu decisión, nadie puede decirte de qué manera vivir.

Solo se puede decidir conociendo cierta información, conocer cierta información es tener más libertad para elegir lo que realmente deseas y con pleno conocimiento de la decisión que estás tomando. Por eso no existe libre albedrío sin la información necesaria, y de eso se trata este material que tienes en tus manos. No es una casualidad que estés leyendo esto en este momento de tu vida, si antes no llegó a ti es porque no estabas preparado, porque todavía no se había instalado en tu mente la pregunta más importante de tu existencia:
¿Qué vas a hacer con el tiempo que te queda de vida?

¿En qué creemos?

Desde que has arribado a este mundo te han llenado la cabeza con creencias de las que nunca obtuviste ningún resultado. Más allá de que cada uno establece en qué cree o en qué dejar de creer, llegar a este punto del libro significa dar un salto determinante en lo que será tu nueva manera de pensar. ¿Cuántas veces ese dios al que le rogaste te ha respondido? ¿Cuántas veces esa figura a la que le pediste te ha otorgado lo que querías?

No te mientas a ti mismo, si dios te ha respondido, entonces habla con él cada noche y escribe un libro con lo que te dice, te aseguro que venderá más que cualquier otro libro y que cambiará el curso de la humanidad. Y si esa figura te cumplió tu deseo, no veo por qué estás leyendo este texto, pídele millones de dólares y si puedes envíame algún millón que te sobre para mí.

No me corresponde a mí asegurar si esas cosas en las que crees existen o no, pero sí te puedo decir sin miedo a equivocarme, que no trabajan de la manera que tú piensas.

   a) Ese Dios en el que crees ya te ha dado todo, y lo que no te ha dado, ¿por qué crees que te lo dará ahora? Te ha dado esta vida, sin ningún tipo de restricción, no te obliga siquiera a que creas en él, entonces toma el control, deja de pedir, suplicar y rogar y ¡ponte a trabajar! Ponte a cumplir tus sueños, que seguramente son los sueños de él también.

   b) En lugar de hacerle promesas a un símbolo, a un santo, o a una figura, por qué no te haces promesas a ti mismo y las cumples.

Tenemos ciertos grupos de creencias que se manifiestan en nuestra mente otorgando callejones sin salida, no solo a nuestro razonamiento sino también a nuestras acciones.

Creencias lógicas

Son el tipo de creencias sobre las cuales forjamos una secuencia lógica con datos erróneos que nos conducen a un razonamiento equivocado que la mente acepta. Van a guiar conceptos desorientados, concibiendo emociones, acciones y resultados desfavorables.

No se corresponden con la realidad, nunca nos detuvimos a analizarlas, las escuchamos y simplemente las aceptamos y repetimos como si fuésemos cajas de resonancia.

"La gente que deja de fumar se enferma más".

"Los que se suicidan son cobardes".

Creencias emocionales

Las creencias emocionales son aquellas que se fundan en lo que sucede en nuestro mundo interno, de cómo nos hará sentir tal cosa o tal otra, manifestándose ante un evento determinado. Este tipo de creencias nos destruyen por dentro y desconectan de la realidad a nuestras emociones, sentimos cosas que no se condicen con lo que está pasando y actuamos en base a esos sentimientos malinterpretados.

"Uno no elige de quién se enamora".

"A mí me padre me golpeaba y yo salí bien".

"Me haces enojar".

"Si me dejas me muero".

Creencias sociales

Este tipo de creencias que tenemos acerca del medio que nos rodea, de cómo actúa la sociedad, de la manera en que suceden las cosas a nuestro alrededor o de un tipo o grupo de gente específica, impiden mi crecimiento, me desasocian de la realidad, me alejan de mi potencial y mi desarrollo personal, social y económico, por creer que esas cualidades no me pertenecen.

"Los ricos ya nacieron ricos".

"Los ricos son malos".

"Los genios fueron tocados por una varita mágica".

Asociaciones de la frustración

El ser humano por lo general es más propenso a unirse al desgano que a la acción, esto es porque nuestra mente está programada para eso. Nos unimos para frustrarnos entre todos. Basta con que uno solo se queje o se lamente o hable de lo mal que está todo, para que los demás lo imiten.
Y así surgen las asociaciones de la frustración. Entidades dedicadas a fomentar el fracaso más rotundo. Yo encontré cinco de ellas, pero seguro hay muchas más:

1. Junta de lamentaciones.
Tiempo libre dedicado exclusivamente a la queja. Este tipo de conducta lo único que hace es limitar mi desarrollo personal.
"Deberían darnos un aumento", "deberíamos trabajar hasta los jueves y entrar los lunes por la tarde".

2. Sindicato de quejas.
Se focalizan en los malestares y dolores, ejercicio que los incrementa.
"Me duele la pierna", "a mí me mata la espalda", "no puedo más del dolor de cintura".

3. Directorio de improductividad.
Son excusas que ponemos para no hacer nada y de esta manera aplasto mis proyectos, vuelvo a mi cuerpo improductivo y a mi mente lenta.
"Hace mucho frío", "con esta lluvia no se puede hacer nada", "a mí nadie me va a decir cómo hacer las cosas".

4. Centro de atención a la víctima.
La víctima nunca es muy exitosa, y la gente tiene una predilección hacia la victimización, por el simple negocio de cambiar a pérdida, su talento y motivación por conseguir un poco de atención efímera, ya que desde pequeños equiparamos el amor con la atención.

"Pobre de mí", "claro, a nadie le importa lo que a mí me pasa".

  5. Sucursal de la resignación.
Creencias acerca de la inutilidad de todo acto. Todo da igual. Nada importa lo suficiente. Si hacemos caso a estas inferencias, anulamos definitivamente nuestro potencial.
"Para qué voy a trabajar tanto, no me voy a llevar nada a la tumba", "total qué me importa".

Todas y cada una de estas premisas, anulan mi voluntad de cambio y no son más que creencias que tenemos. Actuamos en base a ellas, que por repetición se fueron convirtiendo en hábitos. Hoy somos una especie de entes que decimos lo que los demás desean oír, hacemos lo que todos saben que vamos a hacer y, como ya hemos mencionado, nos convertimos en cajas de resonancia, "escuchamos y repetimos":

- Repetimos las mismas acciones día a día.
- Tenemos las mismas conversaciones.
- Reiteramos los mismos métodos perdedores.
- Cada año, repetimos 365 veces el mismo día.

"Va a llover", "es una vergüenza como están las calles", "¿Cómo salió el juego de anoche?"
Este, no solo es el diálogo que tenemos con los demás, sino que este mismo diálogo intrascendente, sin sentido, que no conduce a ningún sitio, lo tenemos con nosotros mismos y eso es lo realmente peligroso.

¿Este es el tipo de conversaciones que quieres tener con tu consciencia? ¿Tan tonto es tu cerebro que no puedes hablarle de otra cosa? ¿A estas asociaciones quieres pertenecer? ¿Qué estás haciendo con el tiempo que te queda de vida?

¿Qué clase de hombre o mujer eres?

En la película "Río Místico" una de las protagonistas sospecha que su esposo ha matado a la hija de un antiguo gánster protagonizado por Sean Penn, entonces se lo confiesa a la mujer de este hombre. Cuando ella se retira, la actriz que interpreta a la mujer de Sean Penn le pregunta: "¿Qué clase de mujer habla mal de su esposo?".
En la serie Breaking Bad se da el siguiente diálogo:
—Tomé algunas malas decisiones.
—Y ¿Por qué tomó esas decisiones?
—Para proteger a mi familia.
—Entonces no fueron malas decisiones… un hombre alimenta a su familia.
—Mi familia me desprecia, mi mujer se acuesta con otro, mi hijo no me habla…
—Un hombre alimenta a su familia, aun cuando su familia lo desprecia, aun cuando nadie lo valora, un hombre continúa alimentando a su familia, porque para eso es un hombre…
Una mujer que permite que su marido golpee a sus hijos, no es una mujer. Una gacela se enfrenta al león para proteger a sus crías, aun a costa de su propia vida, ¿qué clase de mujer permite que un hombre la golpee? Ninguna mujer. Si tú eres una mujer y tu esposo te levanta la mano y al otro día no tomas tus cosas y a tus hijos y te largas de esa casa, entonces tú no eres una mujer, eres cualquier cosa, menos una mujer.

¿Qué clase de hombre permite que su mujer lo engañe? Ningún hombre. Si tú eres un hombre y te acuestas con tu esposa, aun sabiendo que ella estuvo con otro, entonces tú no eres un hombre.

Este libro trata simplemente de esto, de que tomes las riendas de tu vida, de que alejes todas estas situaciones nefastas de tu existencia, de que te des cuenta de una vez que la vida es una sola. Sí lo sé, lo has oído cientos de veces y seguramente lo repites otros cientos, pero lo repites sin ponerlo en acción, sin actuar en consecuencia a ese pensamiento. Te repites a ti mismo que tú disfrutas la vida, porque gastas todo tu sueldo en darte gustos innecesarios, sueldo que consigues haciendo un trabajo que odias. Cambias ocho horas diarias de rutina agotadora, por una, a lo sumo dos horas de recreación mensual o quincenal y ¿a eso le llamas disfrutar?

¿Qué estás haciendo con el tiempo que te queda de vida?

No te sigas mintiendo, tú puedes ser mejor...

Algo adentro tuyo sabe que es verdad todo lo que te estoy diciendo, sabe que es posible, y todas las trabas que te pongas no hacen más que reforzar tu conformismo, cada vez que te digas a ti mismo que no puedes, lo haces solo para no poner manos a la obra. La postergación de las acciones que te conducirán a lo que deseas es lo único que estás logrando con esta forma de pensar.

¿Qué estás haciendo con tus relaciones?

Deteriorando nuestras relaciones

Comienza una relación con una serie de momentos mágicos que se van sucediendo y perdiendo fuerza a medida que el conocimiento avanza. El ritmo acelerado de la información fomenta la disminución del periodo de conocimiento del compañero sentimental. Los avances psiquiátricos y psicológicos, así también como la evolución de la inteligencia del ser humano, nos permite conocer o hacer salir a la luz, aspectos de las personas que antes se prolongaban intensamente o se podían mantener ocultos.

Así, el 96% de las relaciones de pareja son conflictivas y casi un 70% de las relaciones que se inician, terminan antes del año…

En la cultura que estamos experimentando todos los mensajes que recibimos nos indican alcanzar, obtener, llegar y lograr. Nuestra negación a dar es lo que nos aparta de la expresión más rentable en materia afectiva, ya que los intercambios siempre se miden en base a lo que uno espera y no a lo que el otro está dispuesto a entregar. Sin embargo, solo la improductividad toma el dar como un empobrecimiento, como una privación o una debilidad, para la personalidad productiva, en la acción de dar se expresa la vitalidad, la potencia: "doy porque tengo; doy porque puedo dar".

Estamos atravesando una etapa sombría para las relaciones humanas, años atrás la opción más viable o la tendencia, era salir de la casa de los padres para ir a vivir en pareja, hoy en día la tendencia es ir a vivir solos.

Desencuentros, competencia, asperezas, enfrentamientos y rencores: esos son los sentimientos más comunes entre dos personas por estos días.

Los principales mediadores no son los amigos que los conectan o los psicólogos que los ayudan a seguir juntos, sino los abogados que los separan.

Desde la etapa del descubrimiento, que es el de mayor intensidad durante las primeras citas, donde se encierran todo tipo de expectativas, donde la imaginación es volátil y las sensaciones son tan vívidas como todo el periodo de enamoramiento. Hasta la etapa de las especulaciones, donde comienza a deshilacharse la relación en suposiciones de las conveniencias y los juegos de poder, de tirar y aflojar, que desgastan a la pareja. Se especula en cuanto a cómo se comportará como padre o madre, o qué cantidad de dinero ganará y cuánto obtendré con el divorcio.

De manera casi consecutiva se inicia la etapa de la idealización, cuando comenzamos a adherir a nuestra pareja cualidades que no le son propias, sino que nosotros quisiéramos que posea.

Más tarde con el correr del tiempo, se impone la etapa del acostumbramiento, va desapareciendo la pasión y se forja el aburrimiento otorgado por una rutina poco imaginativa. Y allí se llega al final, entre infidelidades, apatía absoluta y una guerra sin tregua.

La competencia por quién gana más, o por quién siente menos, ya que quien siente menos maneja la relación, termina con el amor.
Ya no se discute para aprender algo nuevo o para intercambiar opiniones, sino para ver quién gana la discusión. Y el ego se levanta victorioso sobre las ruinas de una relación destruida, que llegó en caída libre hasta un final desolador.

Algunos buscan afuera lo que les falta adentro, y culpan a su pareja de la infelicidad, comienzan a ver a otras personas y a los pocos años están de nuevo en la misma situación, preguntándose cuándo encontrarán a la pareja adecuada. Sin darse cuenta de que la clave no es encontrar a la persona adecuada, sino aprender a amar a la persona encontrada.

¿Qué estás haciendo con tus relaciones?

Inseguridad emocional

Muchas veces nuestro mundo emocional es pobre. No recibimos la cantidad de afecto que quisiéramos y eso debilita, no solo nuestra autoestima sino también nuestra propia capacidad de brindar, expresar o transmitir emociones, y sobre todo emociones saludables.

"No sé si me quiere", "nadie se acuerda de mí".
Este tipo de frases provienen de un escaso mundo emocional, condicionado por una falta de amor propio que quizás sea el desenlace de un cariño no recibido o recibido, pero interpretado como "no merecido".
La inseguridad emocional estipula que cada sentimiento deba ser reprimido, examinado o directamente ignorado. Y este desentendimiento de lo que sucede con nuestras emociones, no solo dificulta nuestro desenvolvimiento a nivel sociocultural, sino que además genera una desconfianza general en cuanto al área sentimental.

¿Cómo tratas a tus hijos, a tu pareja y a tus amigos?

Tendemos a fomentar una especie de maltrato a todo lo que nos rodea, y no necesariamente debe ser agresivo. Ignoramos a nuestros amigos, damos por sentada a nuestra pareja, dejamos de lado los detalles, las expresiones de afecto. Y algunas veces hasta comenzamos a utilizar la falta de respeto o de consideración, porque tenemos impreso en nuestro código de comportamiento que podemos tomarnos ciertas atribuciones con nuestros seres queridos, o con las personas con las que tenemos cierta confianza. Y así utilizamos sus pertenencias sin pedir permiso, hacemos bromas en cuanto a defectos físicos, ordenamos a nuestros hijos olvidando el "por favor", los menospreciamos, y nos vamos permitiendo todo tipo de comportamientos que van deteriorando nuestras relaciones.

¿Qué hacemos con nuestros seres queridos?
- Les marcamos sus fallas.
- Los criticamos.
- Nos reímos de sus errores.
- Los manipulamos para que hagan lo que nosotros queremos.

¿Cuánto tiempo vas a estar llorando porque tu pareja te dejó? ¿Hasta cuándo vas a seguir creyendo que tu felicidad depende de otra persona? Esta idea de separación que erróneamente nos hicieron creer, de que mi felicidad me la tiene que dar otra persona, de que yo le tengo que suplicar a otra persona por mi felicidad y que si esa persona se digna a otorgarme mi felicidad yo voy a ser feliz junto a ella y solo por el tiempo que ella decida permanecer a mi lado ¿desde cuándo somos tan estúpidos de creer estas idioteces? ¿Desde cuándo otra persona determina mi felicidad o mi tristeza? **¿Qué clase de mundo débil he construido en mi espíritu para que pueda ser derrumbado por la presencia o la ausencia de otra persona?**

Nada más alejado de la realidad que la creencia de que estamos incompletos y que el resto de nosotros mismos está perdido en otro sitio, y que solo otra persona me lo puede devolver.

¿Vas a seguir tolerando tu matrimonio en lugar de disfrutarlo? ¿Vas a seguir engañando a la persona que dices que amas? ¿Vas a seguir soportando maltratos y mentiras de una relación mediocre que no te conduce a ningún sitio? ¿Hasta cuándo piensas hacerlo? ¿Hasta que seas viejo o vieja y ya nadie se fije en ti? ¿Hasta que la vida te haya pasado por arriba?

¿Qué estás haciendo con tus relaciones?

Infidelidad

Una de las causas más comunes del deterioro de la vida emocional de una persona adulta, es haber caído en algún momento en alguna infidelidad. Sí existe alguien que pueda decir que nunca ha sido víctima de una infidelidad me arriesgaría a decir que estamos en presencia del primer extraterrestre. La infidelidad golpea directamente en nuestra autoestima y puede ser determinante en el manejo de relaciones futuras.
Pero aquí no termina, porque de la misma manera que hemos sido víctimas directas de la infidelidad, también hemos sido causantes directos, indirectos y partícipes de alguna que otra infidelidad.

Por lo general toda infidelidad trae aparejada una serie de comportamientos que la preceden y anteceden, que no tenemos en cuenta y que a continuación vamos a detallar:

<u>Dos grandes factores justificativos</u>

1. Culpar al otro.
Tendemos a culpar a la otra persona, como una manera de justificar nuestro comportamiento, atribuimos factores de causa, es decir: "fui infiel por tal o cual motivo".
"Mi pareja me descuidó".
"No me sentía valorado/a".

2. Autoengaño.
Nos convencemos a nosotros mismos con una enorme cantidad de sofismas que justifican nuestras acciones.
Negamos: "yo nunca fui infiel".
Minimizamos: "fue solo un beso, no lo/a engañé en realidad".
Desligamos: "Estaba bajo los efectos del alcohol".

<u>La infidelidad consta de 3 componentes que la definen</u>

1. Cobardía: como todo lo que se hace a espaldas de una persona, tenemos miedo a las consecuencias, por lo tanto, nunca deja de ser un acto regido por la cobardía, no lo fuese, podríamos hacerlo sin ningún temor delante de la persona.

2. Debilidad: si prometimos ser fieles y no pudimos mantener esa promesa, eso nos hace débiles. Cada vez que no podemos sostener nuestra palabra, alguna flaqueza ha ganado una batalla en nuestro interior. Si no prometimos nada, siquiera estaríamos frente a una infidelidad. Aunque quizás toda relación impone una promesa implícita. Pero eso queda en el fuero interno de cada persona.

3. Insulto hacia uno mismo: Si yo engaño a mi pareja ¿cómo queda mi pareja? Como una estúpida. Y si ella es una estúpida ¿qué hago yo con ella? seguramente yo también soy un estúpido.

<u>Las consecuencias sobre la otra persona:</u>

A) Lastimas su honor.
B) Le quitas libertad de elección.

Deja de mentirte a ti mismo con excusas ingenuas que nadie cree y que además de dejarte al descubierto en acciones que te llevan hacia atrás en materia afectiva, te dejan como un idiota que intenta tergiversar los hechos.
La infidelidad no le ha otorgado ninguna ganancia a nadie, solo ha devastado familias, ha hecho a las personas perderlo todo por un simple momento de placer.
Si pones en práctica este tipo de situaciones que nunca han terminado bien en la historia ¿cómo crees que te resultarán a ti?
¿Qué estás haciendo con tus relaciones?

Celos

Existe un sistema de defensa bastante primitivo que se activa con una supuesta ofensa a nuestro orgullo, honor e incluso a lo que consideramos nuestro territorio.
Como no existía un peligro real, no era una amenaza que se pudiera equiparar con el miedo, entonces la mente creó una serie de señales para identificar esta situación a la que hoy llamamos celos.
En los celos existen tres personas:

1. Yo.
2. La persona amada.
3. Y un supuesto "otro".

Este "otro" es el causante de todos los problemas en la pareja. Puede ser real o imaginario, poco tiene que ver. El corolario de esta relación trípode es que acaba por alejar a la persona hacia ese "otro" imaginario, que no es más que el espejo de las propias falencias del que siente los celos y que estos se apoderan poco a poco de su inteligencia, dominando su comportamiento y sofocando sus emociones. La persona celosa elaborará, en su mente, un "otro" que justamente carezca de sus mismos defectos y tenga todas las virtudes que a él le faltan, o lo que es peor, que él cree que le faltan. Estos celos son enfermizos desde su concepción y nunca tienden a disminuir, solo a incrementarse.

Existen varios tipos de celos:

1. Celos por preferencia: este tipo de celos se basa en la premisa del centro de atención. Algunas personas necesitan que se les preste rigurosa vigilancia. Sienten un malestar cuando dejan de ser el centro de atención de su pareja, necesitan ser los preferidos, a los que primero se tenga en cuenta. Podría deberse a que, si su pareja es el centro de sus pensamientos, pretenden que los pensamientos de su pareja se centren en ellos.

2. Celos por territorio: uno de los celos más primitivos que existen. Está grabado en nuestro código genético. Se ponen de manifiesto con la proximidad de un supuesto rival, y con la buena predisposición de la pareja a recibir a este supuesto rival. Este tipo de celos puede volverse violento.

3. Celos generales: no tienen un generador identificable, sino que se forjan en la propia inseguridad de la persona. Se tienen celos de los hijos de la pareja, de los hermanos, amigos, compañeros de trabajo, vecinos, y en general de cualquier persona que se relacione con su pareja.

Los celos pueden presentarse en cualquier tipo de relación y pueden ciertamente tornarla insostenible. Algunas personas transfieren estos celos a los amigos y compañeros de trabajo. Los celos atosigan, aplastan, sofocan, hieren e irritan a cualquiera de los miembros de la relación. Quizás no puedas evitar sentirlos, quizás hasta esa especie de celos, en algún momento sea el llamado de tu voz interior que te avisa que algo raro está sucediendo. Mientras tanto, trata de identificar de qué se trata.

¿Qué estás haciendo con tus relaciones?

Lo que arrastra cada parte

Cuando una relación comienza, cada una de las partes trae consigo diferentes opiniones, vivencias, experiencias y comportamientos que pueden confrontar con el otro. Lo que ocurre en un considerable porcentaje de los casos es que, al empezar la relación, se inicia con ella una guerra por territorio.
Ambos comienzan a hacer trabajo de hormiga para lograr cambiar o imponer ideas o prioridades, ninguno quiere ceder ni mantenerse neutral, se actúa, en efecto, como en estado de guerra.

Existen varios agentes que podemos llegar a arrastrar con nosotros, como una mochila al hombro:

1. Problemas no resueltos.
    Es posible que traigamos con nosotros muchas inseguridades, frustraciones, rencores y demás limitaciones que, al momento de comenzar una relación transmitimos o evidenciamos con el continuo trato, convivencia o enlace sentimental. Un claro ejemplo es lo que sucede con la mayoría de los casos en que una de las partes tiene padres separados y arrastra la inseguridad en la pareja. Esa inseguridad, se vuelve un miedo constante y a su vez ese miedo, convierte en realidad lo que tanto se teme. Lo que se aconseja es identificar cuáles son estos problemas no resueltos e intentar resolverlos, de preferencia antes de comenzar una nueva relación. Para ello deberías hacerte las siguientes preguntas: ¿Cuál fue el motivo de la última discusión que tuviste con tu pareja? ¿Cuántas de esas peleas se parecen a las que tuviste con tu pareja anterior? ¿Qué cosas negativas identifican en ti personas totalmente desconocidas entre ellas?

2. Experiencias negativas.
    Muchas veces, el reflejo de una relación negativa anterior, lo proyectamos hacia el presente y eso entorpece la nueva relación. Nos pone a la defensiva sobre "posibles" situaciones que podrían producirse. Si no te permites disfrutar de cada nueva relación, y te dedicas a buscar a tu pareja anterior en esta nueva, a ver si comete los mismos errores, si sigue los mismos patrones. Si compruebas que esto sucede, no quiere decir que

todos los hombres o mujeres sean iguales, sino que tú buscas a ese tipo de persona en particular.

3. Comportamientos inadecuados.
   Tal vez arrastremos algún tipo de comportamiento que nos llevó a perder a nuestra última pareja, y en la medida que no intensifiquemos un análisis de autocrítica, no podremos desarrollarnos personalmente. Si no tenemos un crecimiento constante, entonces no tendremos mucho que aportar a una relación, más que críticas, reproches, incomodidades y vergüenzas.

Solo bastan dos cosas para evitar estas situaciones de problemas no resueltos:
1. Identificar el problema.
2. Tomar medidas para resolverlos.

Tan sencillo como eso. Por lo general, siempre estamos poniendo foco en las cosas que no nos gustan de nuestra pareja, en lugar de eso trata de buscar qué cosas sí te gustan de tu pareja y qué cosas no te gustan de ti mismo.

¿Qué estás haciendo con tus relaciones?

50 y 50

Cuando dos personas deciden comenzar una relación de pareja, cada una asume un 50% de esa nueva entidad que se llama "la relación".

Los primeros conflictos se inician cuando una de las partes quiere obtener más porcentaje de poder, es decir, invadir el territorio del compañero, imponer limitaciones y a su vez otorgarse libertades. Comienza la voz: "Yo voy a donde quiero, pero tú te quedas aquí". Cuando una de las partes quiere subir un escalón por sobre su pareja, inevitablemente, la ascensión es doble, ya que una libertad para mí implica indefectiblemente una limitación para el otro. El cálculo es simple: si la relación es el 100% y cada uno conforma un 50%, si uno se eleva a 51% indefectiblemente el otro quedará en 49%. Ejemplo: me despierto a la mañana, me miro al espejo y me siento más lindo y atractivo, los ejercicios me hicieron bien o la dieta está dando resultado, pero si esta afirmación me lleva a despreciar a mi pareja porque está excedida de peso, entonces nos elevamos y rebajamos a la otra persona. ¿Por qué? Porque al vernos mejor física, intelectual o económicamente, comenzamos a fijarnos si lo que tenemos al lado, está a nuestra altura, y por lo general no lo está, al menos para la creencia que forja nuestro ego, siempre merecemos algo mejor, por eso minimizamos las cualidades de nuestra pareja y comenzamos a puntualizar cada uno de sus defectos.

Para que la regla 50/50 funcione, debemos tratar de crecer fomentando un acompañamiento para un crecimiento en conjunto y no un desprecio y degradación de las carencias de la otra persona. 50/50 significa el trabajo en equipo, es decir equiparar facultades mediante la enseñanza, complementarse el uno al otro. Seguramente existen áreas que tu pareja maneja de manera prodigiosa y que a ti te resultaría imposible llevar a cabo con la misma habilidad y viceversa. Entonces, ¿no sería más rentable comenzar a focalizarnos en las cualidades que sí me gustan y me hacen sentir bien de mi pareja en lugar de prestar especial atención en sus defectos? Muchos hombres forman una familia, tienen hijos con una mujer y luego de unos años se escapan de esa vida rutinaria que ellos mismos escogieron sin que nadie les obligase, en busca de una chica más joven, abandonan hasta a los propios hijos, pero no se dan cuenta de que, si el cuerpo de su mujer no es el de una joven de dieciocho, se debe a que todos sus años de belleza te los ha dado a ti y a la crianza de tus hijos.

¿Qué estás haciendo con tus relaciones?

Destrabando conflictos

Todas las parejas enfrentarán un conflicto en algún momento de la relación, por el simple hecho de que el hombre y la mujer son seres totalmente diferentes.
Se dice que el hombre da amor para recibir sexo en tanto que la mujer da sexo para recibir amor. Y esa diferencia crucial da inicio a una relación que asemeja a construir un edificio con dos planos diferentes.

Existen varias trabas que se dan en todos los tipos de relación que se nos ocurran:

La descalificación: genera un rechazo que luego se transformará en conflicto, falta de demostración de interés y afecto, volviéndose por resentimiento una continua lucha de poderes. La regla es simple, si quiero ordenarte o manipularte, primero debo convencerte de que no sirves para nada o de que todo lo haces mal. Por otro lado, hay en la descalificación un erróneo desborde de emociones que nos conducen a hacer críticas hacia la persona, en lugar de hacia las acciones en sí. Supongamos que una esposa o esposo ha llegado tarde a una cita y la otra parte le recrimina diciéndole: "Eres un desconsiderado/a, egoísta, siempre me arruinas todo". Ese es un claro ataque hacia la **persona**. Lo que correspondería en este caso sería decir: "No vuelvas a llegar tarde o podrías llamarme para avisar, no me gusta esperar". Esa es una crítica constructiva a una **acción** que queremos que el otro modifique. Las críticas que tienden a destruir a la persona en sí jamás logran modificar nada, en cambio las críticas hacia las acciones pueden lograr una transformación.

<u>La usurpación de los espacios del otro</u>: la intromisión en su privacidad, los celos infundados, las acusaciones y el menosprecio tienden siempre a incrementarse. No conocer los terrenos a los cuales puedo acceder y que la otra persona no tenga la suficiente determinación para poner un límite claro, hace que no se respeten los espacios individuales. La pareja es solo una parte más en la vida de las personas, la pareja no tiene la potestad absoluta en las decisiones ni la ocupación del tiempo libre. Tu pareja no es dueña de tu vida. Tú debes aprender a tener tus actividades y a respetar y alentar que el otro también las tenga, porque eso precisamente es lo que enriquece a las relaciones.

<u>La falta de moderación</u>: algunas personas tienen en realidad conflictos internos, y la lucha que desatan es contra ellos mismos, mientras que su pareja los observa batirse en un combate que les resulta ajeno. Se enojan y se alteran en vano y luego tienen que acercarse a remediar las cosas o pedir perdón por haberse exasperado sin motivo. Este tipo de conflictos los lleva por ejemplo a un desfasaje de emociones y a un desborde en situaciones provocadas. Sienten la necesidad de su pareja, la extrañan, la llaman a altas horas de la noche, no pueden dormir pensando en la otra persona, la consumen, la sofocan y luego quizás pasen dos semanas sin siquiera hablarle, huyen de sus sentimientos porque saben que los está consumiendo. Es similar a que cada vez que sintamos frío nos lancemos

sobre las llamas, sin duda nos calentaremos, pero resultaríamos con varias quemaduras y no tendríamos otra opción que alejarnos del fuego, pero ni bien nos alejemos sentiríamos frío nuevamente. Si por el contrario nos mantuviéramos a una distancia considerable del fuego podríamos conservarnos cálidos sin problemas.

Es tiempo de comenzar a destrabar estos conflictos para mejorar la calidad de nuestras relaciones. ¿Cuánto tiempo se puede sostener una relación enfermiza de celos, peleas y rencores? ¿Cuántas veces te permitirán entrometerte en la vida de la otra persona? ¿Qué clase de enseñanza crees que recibirá tu hijo si cada vez que tu pareja toma una decisión tú la descalificas?

¿Qué estás haciendo con tus relaciones?

Demarcación inmediata de límites

Los roces son casi imposibles de evitar, pero solo se pueden sobrellevar con una demarcación inmediata de límites.

Lo que ocurre en la mayoría de las parejas es un exceso de tolerancia que estalla sorpresivamente. Dejamos pasar un insulto, menosprecio, o no decimos que algo nos disgustó. Lo dejamos pasar una, dos, tres, incontables veces. Cuando nos saturamos y nos cansamos de tolerar, decimos "¡basta!". Pero no lo decimos de manera serena y calmada como hubiese ocurrido si lo planteábamos la primera vez que sucedió, por el contrario, vendrá acompañado de reclamos, reproches, enojo, descontento, insultos, gritos y hasta llantos.

Porque la ira no solo es acumulativa, sino también progresiva y mutante, es decir, que no solo se incrementará, sino que además aparecerán nuevos y peores sentimientos. Ejemplo: nos insultan y sentimos rabia, nos insultan nuevamente y sentimos rabia e impotencia y arrepentimiento por no haber contestado la primera vez, ganas de golpear al otro y demás.

La demarcación inmediata de límites no supone pelear, significa evitar una pelea futura aún mayor. Establecer los límites de manera inmediata es evitar una ruptura posterior. No permitas el primer insulto porque significa que habrá un segundo.

¿Vas a seguir tolerando insultos, maltratos e inclusive agresiones físicas? ¿Vas a callar lo que piensas hasta el punto en que sea insostenible?
¿Qué estás haciendo con tus relaciones?

Desentendimiento

Cuando el hombre o la mujer están en etapa de enamoramiento, en el cerebro se liberan dos sustancias esenciales, la oxitocina y la dopamina. Cuando el hombre tiene un orgasmo, libera una considerable cantidad de endorfinas, que combinadas con la dopamina producen una sensación de somnolencia, adormecimiento y relajación. Por lo tanto, luego de tener sexo, desea dormir. En la mujer, en cambio, cuando tiene un orgasmo se libera adrenalina, que combinada con la dopamina genera fragilidad, lasitud; se siente vulnerable, insegura; por lo tanto, necesita contención. Pero ¿qué sucede? El hombre necesita descansar y cuando ella quiere abrazarlo para paliar su angustia, a él le molesta, cree que es solo un capricho infundado, y ella cree que él no la abraza porque los hombres son todos egoístas que solo quieren sexo y una vez consumado el acto no les interesa nada de la mujer.

En realidad, ambos se equivocan, porque no es una cuestión de molestar o de ser egoísta, sino que ambos son dirigidos por necesidades físicas. El organismo le pide a uno dormir y al otro buscar contención, y esas necesidades orgánicas no se satisfacen si los dos las ignoran como lo que son: necesidades. Por lo que, lo único que resolvería esta lucha sin tregua es que el hombre la contenga por algunos minutos entendiendo la necesidad de su compañera y que ella comprenda que él necesite descansar y no pretenda que la abrace dos horas… Tan simple como eso, pero la raíz de este problema que hemos traído a colación es la falta de conocimiento, si no entendemos cómo funciona la otra parte, jamás podremos resolver los conflictos porque siquiera seremos conscientes de que estamos frente a uno. En el transcurso de este módulo iremos descubriendo cosas del hombre y la mujer que nos brindarán las herramientas necesarias para entender cómo funciona cada uno y ampliaremos más en profundidad cuando hablemos de cómo trabaja nuestra mente.

¿Qué estás haciendo con tus relaciones?

Idealización

Tendemos a idealizar a la pareja, nos hacemos a la idea de cosas que solo están en nuestro autoconvencimiento, presionamos para que nos digan y nos prometan cosas que evidentemente no se cumplirán de ninguna manera y luego nos desilusionamos, porque ese mundo de fantasía que nosotros mismos construimos sin ayuda de nadie, se derrumba sobre sus cimientos ilusorios. Reprochamos, nos indignamos, y nos enfurecemos dando por supuesto que las personas son infieles, desagradecidas e inmaduras. Y todo esto sin la participación de esa persona. La otra persona nunca se enteró de lo que nosotros esperábamos, nunca fue partícipe de lo que nosotros dábamos por sentado.

Similar es el caso cuando, por ejemplo, nuestra pareja nos deja por alguien más, lo primero que pensamos es "¿cómo pudo hacerme esto a mí?" o "la otra persona es mejor que yo". No, no te hizo nada a ti y nadie es mejor ni peor que tú, solo pensó en su felicidad, y no en la tuya. Y es obvio que piense en su felicidad, porque nadie lo hará por ella, y no quiere decir que la otra persona por la cual te dejó sea mejor que tú, sino que quizás sea más compatible con él/ella, tiene más afinidad, comparten otros intereses, tienen más cosas en común o lo que fuere.

Idealizar a una persona te lleva a vivir una irrealidad emocional, donde se elabora un ser cuasi-perfecto que debe sí o sí, cumplir con cada uno de tus requisitos disparatados. Y de no llegar a alcanzar esas exigencias, recibirá una horda de reclamos irracionales. La idealización tiende al fracaso, porque nadie nunca será tan perfecto como esa persona que tienes dentro de tu cabeza. A causa de esta idealización, la pareja se derrumba poco a poco en una competencia desleal entre la persona real contra la persona imaginaria.

Otra de las consecuencias que trae aparejada la idealización es la sordera y visión selectiva. Vemos en la otra persona lo que queremos ver. Si elevas a tu pareja al grado de semidios, no le permitirás crecer ni cometer errores, no le perdonarás equivocarse.

No creas que otra persona es la indicada, la única persona indicada eres tú. Tú eres quien mejor se conoce, quien más cosas hace por ti, tú eres quien más se quiere. Recuerda que todo lo que hagas por ti, repercute en tu pareja, en tus hijos y en tus amigos, ellos se sentirán orgullosos de tus logros y ese es uno de los mejores regalos que puedes brindarles.

¿Qué estás haciendo con tus relaciones?

La lucha de poderes

Es probable que en una pareja se genere una lucha de poderes que siempre la gana quien menos siente, quien menos siente es quien maneja la relación, como mencionamos al principio de este módulo. Cuando se llega a este punto, la relación se encuentra en caída libre. Comienza a sentirse el peso de la manipulación y el cinismo.

Un ejemplo claro es el de una pareja donde uno gana más dinero que el otro, o uno trabaja y el otro no. Allí la lucha de poderes es tan despareja y genera un recelo, manipulación y sometimientos tan intensos que degradan a ambos.

Otro ejemplo es cuando uno de los dos se acerca a hablar con el otro y es rechazado. Ni bien ocurre esto, quien acaba de despreciar al otro, sale en busca de su perdón y ahora es él quien sufre el rechazo. Esta lucha de poderes, en donde siempre se disputa el manejo de la situación, genera rencores, reproches y termina en un desentendimiento y distorsión de la realidad, estos momentos son exclusivamente perdidos y vanos.

En la lucha de poderes se establecen parámetros interpretativos que desfiguran el valor de lo que se aporta a la relación. Se pierde el concepto de relación y se comienza a tironear para beneficio unilateral.

Esta guerra genera artefactos en mi forma de pensar que me van a otorgar creencias para defender mi postura y pisotear la de mi compañero/a.

- Mis opiniones tienen más peso.
- Mis argumentos son más razonables.
- Lo que yo hago siempre es más difícil y más importante.
- Mi tiempo es más valioso.

Tu tiempo es más valioso para ti, no para la relación. Tus opiniones, tu trabajo, tus gustos y pasatiempos valen más para ti, no para la relación. Por esto mismo luchar por el control o el poder solo te conduce a pérdida. Los aportes que hagas hacia la relación interpersonal debes medirlos como algo que le aportas a tu vida, como una inversión hacia algo valioso, no como una especie de caridad u obligación, mucho menos como una deuda que debas cobrarte algún día.

Dijo Shakespeare:
Antes de hablar, escucha.

Antes de escribir, piensa.
Antes de herir, siente.
Antes de rendirte, intenta.
Antes de morir, vive…

¿Qué estás haciendo con tus relaciones?

El doble discurso

Tanto en las personas que dicen sí, cuando en realidad quieren decir no, como cuando juegan un papel duro y en realidad por dentro están llorando, están trabajando el doble discurso. El doble discurso es similar al insulto, la falta de respeto y el menosprecio, todo en un solo cóctel. Decir que uno odia el rencor y ser rencoroso es un doble discurso.

Las situaciones de doble discurso generan resentimiento. Tanto el hombre que trata mal a una mujer queriéndola tratar bien, como la mujer que dice no cuando en realidad quiere decir sí, y situaciones por el estilo, convergen en un rencor acumulativo que tarde o temprano desencadenará un conflicto.

Deshacernos del doble discurso es minimizar la irritabilidad de la pareja. En la película "Conviviendo con mi ex" hay un ejemplo clarísimo de doble discurso: la mujer le reclama al marido que él nunca le había regalado flores, y él le responde que en su primera cita ella había asegurado que odiaba las flores, este tipo de situaciones son excesivamente irritantes y desgastan a la pareja.

Si alguien dice que odia las flores, no pretenda nunca que se las regalen y si no era cierto lo que dijo, deberá indagar en su interior por qué ha dicho algo que no se condecía con la realidad y cómo resolverá esa situación, pero nunca se debe culpar al otro de no haber entendido entre líneas, el doble discurso, porque, muchas veces, el otro sí lo ha entendido, pero no tiene la obligación de seguir un juego absurdo.

¿Qué estás haciendo con tus relaciones?

Adrenalina y endorfina diferencia crucial entre el hombre y la mujer

Imagina que hay un cortocircuito en una habitación, los cables pelados están por todas partes, pero necesitas entrar y comprobar que todo esté en orden. Hay dos personas, una entra sin ningún tipo de protección a comprobar, arriesgando su propia vida, y la otra persona se queda afuera esperando ver qué sucede, si su compañero muere o si el lugar es seguro, ¿cuál de los dos es más inteligente?
Bueno, estas dos personas precisamente han sido el hombre y la mujer. Y no es casualidad que la mujer haya sido más inteligente que el hombre quedándose en la cueva mientras el hombre salía a cazar arriesgando su vida, ya que, si se perdía el hombre, no se perdía nada; en cambio si se perdía la mujer, se perdía el niño. Por esta misma razón es que la mujer tiene muy poco sentido del peligro o de la ubicación geográfica.

Desde un comienzo las mujeres fueron madres, esposas, amas de casa. Lo que llevó al hombre a convertirse en una especie de proveedor, ya que, si la mujer se queda en la casa, el hombre es quien debe salir a buscar el alimento y la vestimenta. Incluso las mujeres más modernas traen estas ideas tan arraigadas dentro de sí, debido a la memoria grabada por miles, hasta millones de años en el código genético, que solo les llama la atención un hombre que pudiera ser solvente, proveedor y padre de familia. En la visión contextual que la mujer hace del hombre entran los siguientes conceptos: cómo se viste, qué automóvil conduce y cómo se comporta con respecto a los niños, ya que estos son los primeros indicadores de que es un hombre que puede llegar a sostener un hogar.

Que sea lindo y fuerte tiene que ver exclusivamente con lo sexual, es decir con la descendencia, la reproducción. Para el hombre, los requisitos a nivel inconscientes que debe tener una mujer se obtienen mediante la arquitectura física. Las tetas de gran tamaño responden a amamantar a la descendencia, al igual que las caderas anchas, para poder llevar el embarazo.

Las diferencias marcadas que existen entre el hombre y la mujer no deben, irreductiblemente, ser motivo de desentendimiento, sucede que frente a la misma situación, hombres y mujeres reaccionan de maneras diferentes debido a su biología, piensan de manera diferente por causa de la disposición e interpretación, que surge acorde a cómo está conformado su razonamiento. Uno puede actuar y pensar de manera prodigiosa mientras que el otro puede no resolver la cuestión. Esto se debe exclusivamente a que durante nuestra evolución hemos desarrollado capacidades diferentes.
El hombre tiene la facultad de poder dividir sus pensamientos, en cambio a la mujer le resulta muy difícil. Vayamos a un ejemplo: me comprometo a ayudar a un amigo que necesita que su hijo apruebe una materia que a mí me resulta muy fácil. Discuto con mi amigo, y me enojo con él, sin embargo, a la noche voy a enseñarle a su hijo lo que prometí, primero para no faltar a mi palabra y segundo porque el chico no tiene nada que ver con la discusión que tuve con el padre. Porque el hombre tiende a dividir sus pensamientos y emociones. A una mujer se le hace una crítica acerca de cómo manejó una situación

con su hijo, y a la noche cuando el marido quiere tener sexo, ella se resiste. Y aunque él trate de hacerle entender que la crítica ha sido a ella como madre, no como mujer, ella no lo entenderá porque tiende a agrupar sus ideas y sentimientos. La mujer puede pensar y hacer varias cosas a la vez, en cambio el hombre debe enfocarse en una sola cosa, esto podría provenir del hecho de que, durante millones de años, el hombre tuvo que salir a cazar y debía estar enfocado y concentrado en su presa, enfrentando cientos de peligros que ponían en riesgo su propia vida, motivo por el cual no pudo desarrollar la misma capacidad de la mujer de poder dispersar la mente.

Por lo general cuando el hombre llora no quiere a nadie a su lado, en cambio la mujer necesita a alguien a su lado, pero más que nada porque los procesos del llanto en el hombre no son conducidos de la misma manera que en la mujer.

Es muy improbable que un hombre realice una tarea que no le agrada, salvo que le paguen por ello o que esté de algún modo obligado a hacerlo. La mujer sin embargo se queja constantemente por tareas que está realizando por las que nadie le paga y que no está obligada a hacer, las realiza porque piensa que nadie las podría hacer mejor que ella y que además si no las hace ella nadie más las hará.

- La mujer necesita sentirse necesitada, valorada, útil. El hombre necesita sentirse admirado.
- La mujer se siente realizada cuando se siente completamente amada, el hombre alcanzando los objetivos que se propone.
- Para la mujer son más importantes los procesos, en tanto que para el hombre lo son los objetivos.

- En el plano sexual, el hombre se centra más en la penetración, la mujer en el juego previo y en el después del acto.
- La mujer resuelve los conflictos hablando, el hombre en silencio.
- El hombre divide sus pensamientos, la mujer los agrupa.
- El hombre realiza en concentración una tarea a la vez, la mujer puede hacer varias cosas a la vez.
- El hombre necesita tiempos personales, de recreación y para estar con sus amigos. A la mujer le cuesta mucho darse tiempo para ella misma sin sentirse culpable, siquiera para ir al baño se toman el tiempo necesario, incluso entran con sus hijos para no dejarlos solos.
- El hombre halla los motivos de su felicidad o infelicidad en los obstáculos que encuentra, la mujer responsabiliza a otras personas.

Durante el orgasmo el hombre libera endorfinas, la mujer adrenalina. Esta es la diferencia más importante que existe entre el hombre y la mujer. Ya que no hay otra cosa que una al hombre y la mujer que no sea el sexo. Si no existiera el sexo, hombres y mujeres vivirían tan juntos como una estrella de un escupitajo. Por eso cuando hablamos de encontrar un complemento, nos referimos a aprender de los aciertos del otro e implementarlos a nuestra vida. Hay muchísimas facultades que el hombre debe aprender de la mujer y otras tantas que la mujer debe aprender del hombre. Hoy gracias a esta información es posible.

Aprender de esas diferencias ayuda a mejorar no solo las relaciones de pareja, sino de padres e hijas, madres e hijos, hermanos y hermanas.

¿Qué estás haciendo con tus relaciones?

Espacios compartidos e individuales

Para algunas personas cada vez que mantienen una relación intensa, esa relación pasa a ser el centro de su universo. Pero ¿qué sucede cuando esa persona ya no está? Tu vida debe girar en torno a ti, si tu mundo gira alrededor de alguien más, tu autoestima se debilita. Nadie que te quiera te obligará a abandonar las cosas que amas hacer. Date tiempo para ti mismo que eso mantendrá tus relaciones en constante crecimiento, lejos de una rutina desgastante que por lo general es la causa principal de la infelicidad.

Las causas más frecuentes de infelicidad femenina consisten en:
* La dificultad para otorgarse tiempos personales.
* La queja continua.
* Creer que la felicidad es algo que se encuentra fuera de sí mismas.
* El pensamiento de lo que "debería ser…"

El hombre por lo general tiene dos causas latentes de infelicidad.
* No solucionar los problemas que se le presentan.
* No alcanzar los objetivos que se ha propuesto.

Los espacios compartidos se enriquecen no solo con la calidad de la relación, sino también con la calidad de la soledad, con lo que hacemos fuera de la relación, con lo que tenemos para aportar, para comentar.
No puedes hacer nada para cambiar a tu pareja, pero puedes hacerlo todo para cambiar la relación con tu pareja. La relación es como una nueva entidad, enfócate en esta entidad ya que no está en tus manos mejorar a tu pareja, pero si mejorar la relación con ella.

Nadie puede tener un espacio compartido de calidad si no tiene nada para compartir. Puedes aportar tiempo, estar con esa persona, mirarla a los ojos, besarla y tener sexo todo el día, ¿cuánto tiempo crees que durarán como pareja?

Todo lo que hagas fuera de la pareja es lo que desatará o enriquecerá la relación. Como administres tus tiempos y las cosas que desarrolles en espacios individuales es lo que determinará, a la larga, los espacios compartidos.
¿Qué estás haciendo con tus relaciones?

Adrenalina en las decisiones femeninas

Algo que siempre me llamó la atención es esa propensión que tienen ciertas mujeres de interesarse por hombres poderosos o adinerados. Una mujer observa a dos hombres, uno que le gusta y otro que no le gusta tanto, pero que tiene mucho dinero. A la hora de decidir con cuál quedarse, el 90% de las mujeres se quedarían con el hombre rico. La mujer saca muchos más cálculos que el hombre, tiene que ser adinerado, o tener un trabajo estable, tener actitudes que indiquen que será buen padre, amable, cortés, caballero, que sepa desenvolverse y resolver situaciones, todo lo que pueda de alguna manera garantizar la supervivencia de la familia que podría llegar a formarse. El hombre en cambio sí le gusta la mujer, lo que hubiera detrás de ella no le interesa. Le gusta y nada más.
El hecho de que la mujer sea más interesada que el hombre se debe a una sola razón: durante años se las convenció acerca de que la única manera de acceder a la riqueza era casándose con un hombre rico, que la única manera de acceder a la felicidad era casándose con el

hombre correcto. Y esto es mentira, para que dejen de existir las mujeres interesadas, que no dejan de ser mujeres anuladas como personas, deben dejar de creer que son inútiles, deben comenzar a creer que ellas pueden ser millonarias, talentosas, famosas y prestigiosas. Y que no deben crecer a la sombra de ningún hombre. Para que puedan decidir y elegir al hombre que realmente les gusta y con el que podrían ser realmente felices, y no con el que les convenga económicamente y con él que se condenarían a una vida infeliz a cambio de comodidad.

Por otro lado, la parte masculina siempre va a elegir a la mujer más bonita y va a cambiar por una belleza efímera, su felicidad, su crecimiento y evolución. Esto se debe exclusivamente al factor genético de reproducción y conservación de la especie, siempre estará más capacitada a engendrar un bebé saludable y hermoso una mujer joven y hermosa. No existe una respuesta científica acerca de por qué al hombre le gusta determinada concentración o proporción de carne y músculo en el cuerpo de la mujer, como tampoco se podría determinar, al menos por ahora, por qué tenemos ese proceso de selección que determina que un rostro es más bonito que otro. En ese sentido, el cerebro del hombre trabaja de manera más irracional que el de la mujer.

Tratemos de pensar en las decisiones que tomamos y comencemos a identificar y responder: ¿Por qué las tomamos? Ya que conseguir esta respuesta es lo que me explicará luego por qué obtengo los resultados que obtengo, cada vez que elijo determinado tipo de mujer o de hombre.
¿Qué estás haciendo con tus relaciones?

Opciones y decisiones

Imagine que le apuntan con una pistola, ¿cree que allí pueda tomar realmente una decisión? Si en ese momento pudiera decidir realmente, decidiría que el sujeto deje de apuntarle. Las decisiones son solamente aquellas que tomamos en plena libertad y con conocimiento de los hechos.
Voy a dar un ejemplo tácito: contraer matrimonio es una decisión, el divorcio es una opción a esa decisión.
Cada vez que alguien dice que tomó la decisión de divorciarse en realidad se está equivocando de expresión y de parámetros.

Muchas veces nos encontraremos ante una pregunta que nos surgirá indefectiblemente ante las situaciones que enfrentamos diariamente: ¿Cuál es la decisión correcta? Y allí saldrá a la luz desde el interior, la Superación Personal, solo ahí entenderás cómo aplican las leyes que rigen estos principios, y cuando tomes esa decisión basada en todo esto que estaba dentro tuyo, que tenías escondido y descubras al tiempo a dónde te condujo y la importancia que tuvo haberla tomado, ahí comprenderás cómo funciona esta ciencia que transformará literalmente tu presente.

Mientras mejores decisiones tomemos, mejores opciones tendremos como resultado de esas decisiones.

Enfrentarse a decisiones en cuanto a nuestra vida personal no es tan difícil como enfrentarse a decisiones en cuanto a las relaciones interpersonales, por la simple razón de que estas últimas involucran a otras personas: ¿perdono a mi pareja o la abandono? ¿Les doy todo a mis hijos o dejo que ellos se lo ganen por su cuenta? ¿Le soy sincero a mi amiga o le oculto la verdad para que no sufra? ¿Le cuento a mi hermano que su novia lo engaña o me mantengo al margen?

A esto mismo está orientada esta información que estoy compartiendo contigo, a brindarte estas herramientas lógicas. Y gracias a que ahora podrás hacerte las preguntas correctas, encontrarás las respuestas adecuadas para tomar las mejores decisiones.

¿Qué estás haciendo con tus relaciones?

Grandes coleccionadoras de imbéciles

Hay un tipo de amor diferente al amor de amistad, práctico, obsesivo y altruista: es el amor ideal, el amor que tenemos en la cabeza y que con el tiempo aprendemos a dejar de lado, ya que nos vamos dando cuenta de que algo así no existe, pero no se refiere a las personas, sino al tipo de amor. Y aprendemos a olvidarlo. Ese amor no existe porque no hemos sido educados para darlo, y como nadie está capacitado para darlo, otro no puede recibirlo y por ende, experimentarlo. "Busca a tu príncipe azul", "busca el amor verdadero", son órdenes que recibes desde niña, pero más tarde se contraponen con otra orden: "búscate un hombre con dinero o que te convenga". "Búscate un hombre que te trate bien y que te ame", escuchas decir a una mujer que se casó por interés y se separó por violencia familiar. Y luego escuchas que las mujeres nacieron para aguantar y que los hombres son una basura.

Una mujer ve como su padre golpea a su madre. Promete que nunca le sucederá algo así. Veinte años más tarde está casada con un hombre que la golpea, ella lo perdona y al perdonarlo lo está permitiendo. Ha olvidado completamente lo que se prometía a sí misma de niña y pasó a formar parte de un esquema cíclico.

Si dependemos de la persona con la que estamos en conflicto. Necesidad y conflicto quedan unidos.

Muchas abandonan este tipo de relaciones, pero al poco tiempo vuelven con esa persona o con una igual o peor. Esos regresos ilógicos solo persisten en intentar reconstruir una situación devastada e incrementar las ruinas de una relación hecha polvo. Antes de retroceder es mejor quedarte donde estás.

Sucede con este tipo de mujeres, conformistas en su gran mayoría, que se aferran a lo seguro, aunque lo único seguro en este caso son los ojos morados. Temen entablar cualquier nueva relación o emprendimiento, terminan cayendo y siendo devoradas por el aburrimiento. Luego tienen hijos en estos círculos inaceptables, esperando que la llegada de una nueva vida les dé un cambio en la suya.

Jamás he visto que un hijo le cambie la vida a nadie, si antes eran personas desgraciadas, ahora son personas desgraciadas con hijos. En una pareja feliz, ya sea un hijo, como cualquier otra cosa es recibida con felicidad, en una pareja desgraciada un hijo **más que cualquier otra cosa** es recibida como una desgracia. Nunca te convenzas de que la llegada de un hijo cambiará o reparará lo que está deshecho, porque por lo general solo empeorará las cosas.

Arroja un plato de vidrio al suelo. Se hizo pedazos, ¿no es cierto? Ahora pídele perdón, discúlpate y ruégale. Observa de nuevo ese plato: ¿Se ha reparado? ¿Está sano nuevamente? ¿Volvió a ser el de antes?

¿Qué estás haciendo con tus relaciones?

Síndrome del atornillador

Algunos hombres sienten esa necesidad de dañar a la cosa amada. De probar hasta dónde soporta su mal trato y cómo resuelve el abandono. Sabe a conciencia del daño que está provocando, pero no puede detenerlo. Se envuelve en un círculo psicópata que atornilla a su pareja en un sufrimiento frecuente para más tarde convertirse al arrepentimiento absoluto que puede llegar incluso al suicidio sino es perdonado.

Muchos padres o empleadores hacen esto, imponen un supuesto respeto a través del miedo, manteniendo la relación lo más tensa posible.
Resentimiento y rencor son los últimos sentimientos que queremos generar en las personas, ya que esto nos traerá dificultades en algún momento del camino. Y paradójicamente son los únicos sentimientos que encontraremos a la larga con este accionar.

Existen algunos factores que debemos quitar de nuestro comportamiento para evitar atornillar a las personas que queremos:
- Dejar de hacer lo que a mí me gusta porque al otro le molesta.
- Hacer lo que al otro le molesta sin más motivo que molestarlo.
- Evitar el "si me quiere…" hará lo que le pida, me perdonará, me esperará, soportará lo que le haga.
- Evitar la ordalía, el intento de suicidio para probar si tu pareja te ama.
- Evitar poner a prueba los sentimientos del otro. "¿Qué pasaría si hago esto?", "¿Me perdonaría si hago esto otro?"

Por lo general se utilizan varios instrumentos para lograr ser un atornillador. Pero quizás el más importante de todos sea manejar la culpa. Por lo general el primer paso para atornillar a la persona amada es sufrir por algo que ella te haya hecho y luego viene una venganza implícita y enmascarada.

Si perdonas cualquier cosa que te hayan hecho, tienes dos opciones:

1. Olvidas lo que te hicieron.
2. Olvidas a la persona que te ha hecho el daño.

Decir que perdonaste y sacar a colación el tema a cada oportunidad es síntoma de que estás en el camino de convertirte en un atornillador. De esta manera se utiliza la culpa por la acción cometida por la otra parte, para poder controlarla, someterla o dañarla. El cálculo mental, supondría algo así como: "Si yo soporté y perdoné esto, tú debes soportar y perdonar esto otro".

Casi que podría asegurar que este tipo de juegos no tiene retorno, o al menos no debería tenerlo. Genera cinismo, sadismo, masoquismo, rencor, ira, odio, tristeza, sufrimiento y desesperación. Es muy improbable salir indemne de estas situaciones y mucho más improbable que una relación sobreviva a ellas. Trata de no convertirte nunca en el enemigo de las personas que amas y pregúntate cada noche: ¿Qué estoy haciendo con mis relaciones?

Síndrome de la enfermera

¿Por qué a cierto tipo de mujeres las atraen los hombres destruidos, alcohólicos o drogadictos, que han sufrido y sufren constantemente? ¿Por qué cuando muere su madre y él está totalmente angustiado se convierte en un galán de novela? Este comportamiento parte de la necesidad de reparar el objeto dañado, de buscar entre los posibles candidatos al más destruido, quizás como una especie de desafío tácito.

Durante millones de años, una vez que el ser humano dejó de ser carroñero, el hombre ha salido a cazar. Cuando se lastimaba, porque andaba descalzo y no tenía mucho para protegerse y regresaba a la cueva, más tarde a la choza o al asentamiento donde la mujer tenía la tarea de cuidar al niño. Ella sabía que, si el padre de ese niño no sobrevivía y no recuperaba sus fuerzas para salir de cacería nuevamente, ella no podría alimentarse y alimentar a su pequeño. Tiempo atrás hubo recolectado frutos de los árboles, pero con un bebé o varios, la tarea se fue dificultando cada vez y dependía casi exclusivamente de lo que su compañero cazara. Por eso ella debía encargarse de cuidarlo y sanarlo, porque de ello dependía su vida.
Este tipo de situaciones fue tan frecuente durante millones de años que ha quedado grabado de manera muy firme en el código genético de la mujer.

Por esto mismo, identificar tus comportamientos y conocer de dónde provienen es indispensable para comenzar a cambiar.
Si eres mujer, deja a las enfermeras hacer su trabajo, a ti no te corresponde rehabilitar a nadie.
Si eres hombre, deja de ser tan patético como para que alguien quiera repararte.

¿Qué estás haciendo con tus relaciones?

Mimetización

Si una mujer está bien con su marido y se ve bonita, es porque él hace que ella se vea bien, si una mujer está separada o sin pareja y anda de mal humor es porque le falta sexo, es decir le falta el hombre, si una mujer se arregla es porque tiene un amante o se está separando. Esto hace que el hombre forje el humor, la belleza y la conducta femenina. Existen mujeres que se adaptan y adoptan desde la forma de pensar hasta el humor y carácter del compañero.

Si un hombre se ve feliz es porque tiene sexo bastante regular con la mujer. Si tiene un automóvil nuevo, seguro tiene una mujer hermosa a su lado.
Hay hombres que adaptan su conducta a las preferencias de la mujer, por lo general en etapa de enamoramiento o antes del primer encuentro sexual.

La mimetización en la pareja significa ir desapareciendo como individuo. "En cualquier relación humana en la cual dos personas se convierten en una, el resultado siempre serán dos medias personas", dijo Dyer, y esta frase resume lo que provoca este proceso.

No permitas que una relación consuma todo tu tiempo, todos tus planes, que te aleje de tus sueños o que te pierda como individuo, porque esa relación mimética está condenada al fracaso. Si tú no te enriqueces, no tendrás nada nuevo que aportar a esa relación, por eso la mejor decisión es tratar de ser una persona íntegra en todos los sentidos y evolucionar lo más que tus capacidades te permitan para poder alimentar cada una de las relaciones interpersonales que se dan en esta sociedad de la cual tú formas parte.

¿Qué estás haciendo con tus relaciones?

Enfriar a la pareja

Existen varias conductas que enfrían a la pareja, pueden variar de acuerdo a la personalidad o gusto de cada persona, pero en tanto no lo sepamos, lo mejor es evitarlo hasta que estemos bien seguros de que estas cosas no enfrían a la pareja.

1. Preguntar por sus relaciones anteriores o hacer que tu pareja te compare con relaciones anteriores.

2. Preguntar ¿me quieres? Eso no se pregunta, eso se demuestra o se expresa, y si por alguna razón la otra parte no lo expresa no se debe presionar para que lo haga.

3. Pedir dinero prestado a tu pareja. Este es un tema muy delicado, sobre todo porque si no hay una confianza muy grande, la otra persona tiende a pensar inmediatamente en el interés de la relación. Debemos evitar pedir dinero.

4. Preguntar si tu pareja te está engañando. Aunque no quieras aceptarlo, ese es un papel lastimoso. Si tú piensas que hay muchas personas mejores que tú, entonces seguramente lo transmitirás y es probable hasta que convenzas a tu pareja de eso.

5. Contar que otras personas están interesadas en ti, o que te invitaron a salir o tuviste una propuesta sexual, eso solo habla de que tienes una baja autoestima y de tu inseguridad. Por lo general, lo que una persona quiere lograr a través de este tipo de comentarios es que se entienda: "cuídame bien, mira que hay muchos o muchas con interés en mí", pero en realidad lo único que están logrando es que la otra

persona piense: "si tienes tantos pretendientes, ¿qué diablos haces perdiendo el tiempo conmigo?".

6. Dejar avanzar a la rutina, es una de las causas de enfriamiento de la pareja y de una futura disolución de la misma. La rutina es fácil de lograr porque se genera en la comodidad, en el camino del menor esfuerzo que nuestra mente y nuestro cuerpo van realizando. Por eso hay que poner una cuota bastante importante de creatividad en la pareja para evitar que la relación muera.

Si queremos evitar que una relación que pudo haber sido duradera, desaparezca como el rocío cuando sale el sol, debemos evitar enfriar a la pareja.

¿Qué estás haciendo con tus relaciones?

¿Cómo estamos eligiendo?

Existen varias maneras de elegir el amor que queremos para nuestra vida, una parte importante la hace nuestro cerebro automático, pero otra gran parte desde hace ya unos miles de años, la está desarrollando y tiene gran participación nuestra mente consciente. A continuación, voy a tratar de explicar las tres formas básicas que tenemos para elegir:

<u>Elegir con la cabeza</u>, esto significa que tendremos un deslumbramiento por la inteligencia o que nuestra inteligencia nos condiciona a elegir, basándonos en el intelecto, tiene que ver con lo calculado y el meticuloso diseño de la relación. Pero esta durará lo que duren los proyectos o los objetivos en común. Elegir con la cabeza de

acuerdo al mapa que tengo de la persona que quiero como pareja y también elegir por compatibilidad y planeamiento común, puede resultar una manera de elegir bastante acertada, pero también puede conducir a que, a mitad de la vida, tal vez con hijos en común, se descubran sin ser compañeros o sin siquiera amarse.

<u>Elegir con el corazón</u>, elegir con las emociones por un sentimiento intenso de pasiones que consumen al amante. Esto significa que esa elección no pasa por lo económico ni por lo ideal, sino más bien por lo físico. Esta es una elección por sensaciones, donde son primordiales las caricias, besos y sobre todo el sexo. Pero la relación durará lo que duren las sensaciones, es similar a escuchar nuestra canción favorita, la sensación de oírla es maravillosa, oírla todos los días, todo el tiempo, durante diez años seguidos, hace que se vuelva insoportable.

<u>Elegir con el espíritu</u>, significa que, en el plan eterno, en ese reflejo de lo que somos como esencia, observamos hacia nuestro espíritu y allí, mirándonos por dentro, vemos a la persona amada. Cuando se presta atención al espíritu de una persona, a esa fuerza que la impulsa, esta misma se contagia, se complementa y se une más tarde la cabeza y el corazón porque el espíritu es lo que da impulso a todo lo demás.
Cuando se elige con el espíritu cada encuentro con esa persona es un crecimiento, incluso se obtiene una libertad lejos de los celos y las competencias, porque no se puede competir con lo que te produce un bienestar, no podríamos competir con el alimento o enojarnos con el aire que respiramos.

Evalúa siempre la manera en la que estás eligiendo, tanto a tus amigos, compañeros, socios y por sobre todo a la pareja.
¿Qué estás haciendo con tus relaciones?

Cambiando el clásico "te amo" por "me amo y quisiera amarme en ti"

En conclusión y haciendo un repaso, el amor inteligente se logra básicamente desde el comienzo eligiendo de la manera correcta. Asumiendo el 50% de la relación y nunca pensando en aumentar nuestro porcentaje y mucho menos en bajarlo. Demarcando límites inmediatamente para evitar confrontaciones futuras y para acelerar el conocimiento de la pareja. Reconociendo nuestros errores e intentando corregirlos, creciendo siempre y ayudando a crecer, colaborando con todos los hechos que tengan que ver con el desarrollo o programa de la relación, siendo creativos en cuanto a la recreación, proyectos en común y todas las actividades que la pareja realice en forma conjunta. Y por sobre todo teniendo respeto por el otro que es al mismo tiempo tener respeto por uno mismo.

Hace algún tiempo estaba teniendo una charla con un grupo de personas acerca de la infidelidad, yo sostenía que nunca en mi vida había conocido personas fieles, porque en realidad la fidelidad no era parte de la personalidad ni del comportamiento de nadie, sino una circunstancia eventual. Y que en realidad tendemos a que nos gusten más personas, porque de otra manera si solo nos gustara una sola persona en toda nuestra vida y esa persona se muere, se aleja o siquiera nos habla, entonces estaría finalizada nuestra vida sentimental, y no es así. En un momento determinado me dijeron que bajo ese concepto yo era también infiel y respondí que no. Mi respuesta no era lógica y se contradecía fuertemente a lo que yo había sostenido minutos atrás. Pero expliqué que yo era una persona extremadamente engreída, era un narcisista y egocéntrico insoportable y que esa cualidad era la que me llevaba a no poder ser infiel. Nadie entendió nada así que pasé a exponer mi teoría.

Yo me considero un genio, no me importa en absoluto lo que los demás crean de mí, la única opinión que realmente me interesa es la mía. De modo que si yo engaño a mi pareja ella se vería ante todos como una estúpida. Y si ella es una estúpida ¿qué hago yo con ella? Lo más probable es que sea un estúpido también. Entonces no sería factible para mí ser infiel, no porque sea un promotor de la fidelidad o que esté queriendo ser referente de nada, pero la mayoría de las acciones que realizamos que nos llevarían a una ruptura en la pareja tienen su principal desajuste en la falta de respeto hacia nosotros mismos porque si le faltamos el respeto a nuestra pareja, nos estamos faltando el respeto a nosotros. Si nuestra pareja es idiota, entonces o la dejamos o nosotros también somos idiotas.

El trato con la pareja es el trato con nosotros mismos, me amo y quisiera amarme en ti. Si siento amor, no puedo sentirlo por el otro y no por mí mismo. La base para lograr un amor inteligente es acudir a la lógica para todas las acciones que se desprendan de este amor o que se deben contemplar para la relación.

Ahora esta pregunta es para ti, respóndela íntimamente y con sinceridad, porque de su respuesta dependerá una parte esencial en tu vida:
¿Qué estás haciendo con tus relaciones?

¿Cómo crees que trabaja tu mente?

Si tuviéramos que elegir cuál de todos los eslabones dan soporte a la Superación Personal, sin duda nos inclinaríamos hacia el estudio de la mente. Hace cerca de 2,5 millones de años que nuestro cerebro está creciendo. Sabemos que, de una generación a la otra, tenemos 150.000 neuronas más. Por lo tanto, nosotros siempre vamos a ser más inteligentes que nuestros padres y nuestros hijos serán más inteligentes que nosotros…

El cerebro humano utiliza más energía para funcionar que cualquier órgano del cuerpo, quema la quinta parte de la comida que ingerimos. Pesa tan solo 1,33 kilogramos, pero consume la mayor parte del combustible del organismo, mucho más que los músculos de un deportista de elite.

Podríamos compararlo con una casa a la que se le fueron adhiriendo habitaciones y puertas que comunican entre esas habitaciones para formar funciones cada vez más complejas.

Nuestro cerebro está compuesto por dos mentes que son la mente subconsciente o cerebro automático y la mente consciente. Y tiene tres sistemas básicos que regulan su funcionamiento:
    a) Sistema reptiliano.
    b) Mente emocional.
    c) Mente racional o consciente.

El primero de los cerebros que aparece en el ser humano es el cerebro reptiliano, con la función de preservar tu vida, este cerebro es el más inteligente que tenemos. Este cerebro te conoce mucho mejor de lo que tú te conoces y sabe realmente lo que te conviene. Es el 70% de nuestra mente subconsciente, el otro 30 % es el cerebro emocional. Entre el cerebro reptiliano y el cerebro emocional deciden si te gusta o no una persona, si es mejor huir o pelear. Estos dos cerebros toman el 90% de tus decisiones.

Por ejemplo, a la hora de elegir una pareja, un muy bajo porcentaje de esa decisión es consciente, en realidad la atención de nuestro cerebro reptiliano se centra en el sistema inmunológico. Si el sistema inmunológico de tu pareja es compatible con el tuyo, significa que tú puedes sobrevivir y luego tu descendencia.

Está programado para respirar, dormir y comer. Su principal tarea es mantenerte vivo. A este cerebro no le importa tu éxito, solo le importa que sobrevivas. Hace lo necesario para que descanses, si tú te tomas una aspirina y continúas trabajando, entonces este cerebro te va a dar dolores de cabeza para que descanses, si tú sigues con este ritmo, entonces, va a hacer una recorrida para analizar cuánto tiempo de vida te queda si continúas con ese estilo de vida, y si tú no cambias, el cerebro va a tomar medidas drásticas, te dará una enfermedad grave, porque considera que eso es mejor a un ACV o un infarto con lo que no puede lidiar.
Este cerebro, te avisa por medio de fiebre que algo malo está ocurriendo, porque si no lo hiciera te morirías, el cerebro utiliza el cuerpo para comunicarse contigo. Por lo tanto, el cerebro te avisa que la vida que llevas no te conviene y si no le haces caso, tomará medidas drásticas.

El sistema reptiliano tiene cuatro funciones principales:
- Te mantiene vivo.
- Te da avisos.
- Regula las funciones del organismo.
- Junto con el cerebro límbico toma 90% de las decisiones.

Luego aparece el cerebro límbico o emocional. Aparecen por primera vez en el mundo las emociones, hace millones de años, porque de este cerebro dependía la supervivencia de la especie humana, ya que la única herramienta que tenía el niño para sobrevivir era como ya mencionamos, que la madre lo quisiera. Si tu madre hubiese sido racional en cuanto tú naciste, te mata, porque un niño es una molestia.

Podría decirse que el cerebro emocional interactúa mitad con el córtex, mitad con el cerebro reptiliano, por ejemplo, en la inteligencia emocional, o en traer desde el hipotálamo la memoria con algún dato que la lógica requiera.

Las principales funciones del sistema emocional o límbico son:
- Prioriza emociones.
- Se preocupa por la conservación de la especie.
- Involucra la creatividad.
- Interactúa con el medio.
- Almacena información.

Y por último aparece la más reciente de nuestras mentes, el cerebro racional o córtex.

En realidad, nadie es racional, solo utiliza la razón para justificar sus emociones, lo único que es racional es una teoría, o una ecuación, no las personas que las desarrollan.

La mente racional dispone de las siguientes funcionalidades:
- Analiza emociones.
- Se estudia a sí misma.
- Toma el 10% de las decisiones.
- Resuelve situaciones lógicas y es el lugar donde se ejecuta nuestra memoria operativa.

Nuestra mente es tan poderosa como nosotros se lo permitamos, no frenemos sus capacidades, que cada vez van a ser más complejas. No aplaques su desarrollo y evolución, sino aliméntala constantemente para que sea tu mejor amiga. Para eso está diseñada, para ayudarte a conseguir todo lo que deseas.

¿Cómo crees que trabaja tu mente?

Mente inconsciente

Hay una persona que nos gusta frente a nosotros. No la conocemos, pero, aunque lo deseemos o no, ya tenemos una opinión formada sobre ella. En una décima de segundo nuestra mente inconsciente ya ha decidido si es fiable o no. Nuestra mente inconsciente estudia en unos segundos la proporción de las caderas y el abdomen, la fragancia del cuerpo para establecer si nuestros sistemas inmunes son compatibles, ya que de ello va a depender nuestra supervivencia y nuestra progenie. Sincronizamos hasta el ritmo respiratorio con la persona que nos gusta. Y luego para que nos enamoremos, el cerebro nos inunda de hormonas que nublan nuestro razonamiento y se comporta de la misma manera que un adicto se comporta ante una sustancia, por lo que tenemos una sola meta, estar cerca de esa persona.

Lo mismo ocurre cuando creemos tener una idea, sucede que nuestro cerebro automático ya la ha tenido antes. Esto ocurre pura y exclusivamente porque vivimos en el pasado, todo lo que experimentamos en realidad sucedió hace unas milésimas de segundos, y nuestro cerebro automático reacciona luego a ello. Cuando miramos algo, por ejemplo, un haz de rayos de luz atraviesa nuestra pupila y llega a la retina del ojo, los nuevos datos son encriptados en millones de impulsos eléctricos que atraviesan el nervio óptico y cincuenta milisegundos después, llegan al tálamo, que es el portero del cerebro, que decide si la información es importante o no. En una emergencia, el tálamo transmite la imagen al córtex visual de la parte trasera del cerebro y también simultáneamente a la amígdala. La amígdala es la encargada de determinar el miedo, uno de los factores más importantes y es muy difícil de controlar. Las señales que manda quieren hacerse notar porque cree que está preservando nuestra vida. El cerebro ha desarrollado una respuesta de miedo para mantenerte alejado del peligro, de la misma manera que también está dotado de un impulso básico sexual para la preservación de la especie.

A la conexión o la suma del cerebro reptiliano, también conocido como tronco cerebral o tallo encefálico que regula las funciones vitales del organismo, como la respiración y el ritmo cardiaco, y que es la zona más primitiva del cerebro junto al cerebro emocional que aparece cientos de miles de años después en lo que se denomina sistema límbico, que es donde está la amígdala, donde se alojan, procesan y enredan nuestras emociones, se lo llama cerebro automático o mente subconsciente, así como al cerebro racional se lo llama mente consciente.

Tu mente subconsciente toma el 90% de tus decisiones, tu mente inconsciente ya decidió por ti: tu acento, cómo vas a reaccionar ante diferentes estímulos y tu comportamiento diario, es decir que, si tú no tomas decisiones conscientes y no trabajas en ellas, tu mente lo hará por ti.
Tu mente inconsciente está condicionada por el medio social en el cual te desenvuelves. Ya que el pensamiento consciente, requiere más energía de la que utilizan los músculos de un atleta, por eso la mente inconsciente trata de arreglárselas sola.

El mundo es una representación de nuestro cerebro, nunca hemos estado en el mundo, el único lugar donde en realidad hemos estado es en el interior de nuestro cerebro. Por eso no es lo que está sucediendo, sino lo que tú estás interpretando.

¿Cómo crees que trabaja tu mente?

Mente consciente

El cerebro es como una casa, a medida que evolucionamos vamos agregando habitaciones, así también como escaleras y puertas que conectan las habitaciones entre sí. La corteza cerebral, una delgada capa que recubre la membrana encefálica, podría compararse con el techo de esa casa ya que los lóbulos frontales son las partes más recientes del cerebro. Allí se procesa el pensamiento racional, ese es el centro del pensamiento consciente.

La mente consciente toma el 10% de nuestras decisiones, es la parte encargada del pensamiento lógico y de resolver situaciones abstractas, tales como problemas matemáticos. Podemos recibir al mismo tiempo, aproximadamente 11 millones de unidades de información, pero conscientemente solo 40 unidades.
Nuestra primera respuesta es emocional, aunque si no actuamos bajo esa primera respuesta y dejamos pasar más tiempo, solo allí se acude al cerebro lógico que racionaliza nuestras emociones. La corteza cerebral se divide en cuatro áreas llamadas lóbulos, la parte más reciente del cerebro son los lóbulos frontales, es donde

se procesa la información racional, donde resolvemos nuestros problemas, aquí es donde se fijan las metas en la vida, donde se encuentra la planificación, el concentrarse en objetivos específicos, ensayar mentalmente la situación que se va a realizar y activar el control.

Pero no solo eso, esta parte del cerebro debido a las exigencias a las que hoy estamos sujetos ha incrementado la capacidad de su memoria operativa. Podemos hacer cosas como aprender en minutos a utilizar programas de computación altamente complejos, prestarle atención a la información clave dentro de un área extensa, hacer estimaciones con rapidez y precisión, alternar entre diferentes tareas, hacer cálculos mentales, dividir tu atención entre múltiples tareas y exigencias, recordar patrones y ubicaciones, reorientarte a medida que cambia la perspectiva y cientos de miles de operaciones más y más complejas.

El principal objetivo del cerebro es mantenerte vivo. De eso se encarga tu mente sin que se lo pidas, sin ser siquiera consciente de ello. Hasta ahora nunca ha fallado en su tarea, es más, te mantuvo vivo aun cuando tú mismo has atentado contra tu vida y tu salud, es decir que tu mente subconsciente es mucho más inteligente que tú. Y el principal objetivo de la mente consciente es racionalizar emociones, tratar de comprender, por qué sentimos y actuamos de la manera en que lo hacemos. La mente ha aprendido a estudiarse a sí misma y esta misma capacidad es la que nos permite estar hoy hablando de todo esto.

¿Cómo crees que trabaja tu mente?

Reprogramando el disco rígido

Nos decimos entre 30 a 100 palabras por minuto a nosotros mismos. Si creemos que somos unos idiotas, ¿cuántas veces crees que te lo has repetido a lo largo de tu vida? Recuerda que tu mente la voz que más conoce y a la que más importancia le presta es a tu propia voz. Para estas alturas tu mente ya está convencida de que eres un estúpido.

La mente sigue las indicaciones que recibe, estas indicaciones son estímulos externos que decodifica y procesa según la interpretación que haga de ello. La interpretación es tuya, nadie puede decirte qué debes interpretar, esa es tu elección. La mente sigue indicaciones que comunican a través de patrones mentales. El cerebro va a asociar correlativamente estos patrones mentales y los va a convertir en una realidad que va a identificar para poder asimilarlos, por lo general la primera forma de asociación que utiliza es la analogía.
Una vez establecido el patrón mental se va a generar una acción mediata o inmediata dependiendo de los estímulos que reciba. Durante este proceso, las acciones que nuestras interpretaciones desencadenen van a formar una escritura de comportamiento repetitivo que va a generar un hábito. Cada uno de estos hábitos van a conformar nuestro carácter, por lo general, partiendo de la premisa de cuál es nuestro pensamiento inicial, es decir, cuando recibimos por primera vez el estímulo o la información. Ese pensamiento inicial dará como resultado una determinada interpretación de esa realidad, o de eso que nosotros determinaremos como realidad. Este carácter que formamos a través de este complejo sistema es lo que va a desencadenar nada menos que los resultados que tengamos en la vida. De esta manera queda demostrado cómo todo se reduce a los pensamientos, la mente es la que gobierna todo lo que ocurre en tu vida, incluso las cosas que atraes.

"Siembra un pensamiento, cosecha una acción. Siembra una acción cosecha un hábito. Siembra un hábito, cosecha un carácter. Siembra un carácter, cosecha un destino."

Hasta ahora hemos seguido indicaciones de todo nuestro entorno. Adoptamos un partido político, porque alguien nos dijo que debíamos tenerlo. Seguimos un equipo deportivo porque nos indicaron que esa es una forma de apasionarse, cuando en realidad es una forma de canalizar las frustraciones. Adoptamos una religión, para tratar de paliar nuestro miedo innato a morir, y sin embargo ninguna fe, nos liberará del miedo natural que el ser humano le tiene a la muerte. Y aprendemos las palabras justas para decir en cada situación.

Nos programaron el cerebro o lo programamos nosotros mismos en base a la aceptación de los preceptos de otros. En lo personal elijo la segunda opción. Nos resultó siempre más fácil aceptar lo que está establecido a establecer nuestros propios preceptos, porque establecer conceptos propios requiere la tarea de ponerse a pensar, elaborar, diagramar, analizar, desarrollar, practicar y todo eso con el riesgo de que no funcione y de que seamos segregados, discriminados o apartados por no pensar y actuar de la manera en que se espera que lo hagamos.

El cambio de un hábito suele presentarse como el deseo y la aptitud para sacrificar lo que queremos ahora, por lo que queremos finalmente. Pero el cambio de hábito debe iniciarse en la transformación de pensamiento o de enfoque.
Enfócate en el problema y lograrás estrés, enfócate en la solución y resolverás el problema. Si te enfocas en la pregunta ¿Por qué no puedo lograrlo? Nuestra mente nos responde: "Porque eres un estúpido". Si en cambio preguntamos: "¿Cómo puedo lograrlo?", nuestra mente comenzará a trabajar en darnos la respuesta…

114

Emocionando nuestra inteligencia

Las emociones son más fuertes que las razones. Debido a este mandato, la vida mental se desarrolla en base a la contención o negación del pensamiento que genera la emoción, dado que la emoción gobierna el razonamiento.
Cada emoción prepara al organismo para una acción consecuente. Con la ira, la sangre fluye a las manos, y así resulta más fácil tomar un arma o golpear a un enemigo. El ritmo cardiaco se eleva y el aumento de hormonas, como la adrenalina genera un flujo de energía suficientemente fuerte como para emprender una acción que requería del uso de la fuerza. Con el miedo, la sangre fluye a las piernas y así resulta más fácil huir. Al mismo tiempo el cuerpo se paraliza, tal vez para que en esos instantes el cerebro determine si esconderse sería una reacción más adecuada. El levantar las cejas ante la sorpresa permite un mayor alcance visual y también que llegue más luz a la retina, esto ofrece mayor absorción de la información, para distinguir más ampliamente lo que está ocurriendo. En el disgusto, donde la nariz se frunce y el labio superior se tuerce, parecería un intento por bloquear las fosas nasales o escupir un alimento en mal estado.

Las emociones son siempre más poderosas que las racionalizaciones y quizás se deba a que durante la evolución, las emociones e intuiciones guiaron una respuesta instantánea en situaciones donde ponernos a reflexionar podría costarnos la vida.
Pero ¿qué ocurre cuando estas respuestas instantáneas nos cuestan una y otra vez cada una de nuestras relaciones? ¿Qué sucede cuando cada vez que mis instintos afloran me conducen a un sitio oscuro o un callejón sin salida? ¿Qué

ocurre cuando las respuestas más cercanas que nuestra mente encuentra son siempre las que me conducen a la quiebra o el fracaso? Significa que mi mente tiene preestablecidos conceptos erróneos, que generan respuestas inadecuadas.

Transmítele a tu mente las respuestas adecuadas, fíjalas mediante anclajes o enganches emocionales, repítete una y otra vez la forma correcta de actuar, las respuestas que debes tener como reflejos condicionados. Emociona tu pensamiento, recuerda que los recuerdos se almacenan en el sistema límbico, no en la corteza cerebral.

¿Cómo crees que trabaja tu mente?

Programado para el éxito

La programación neurolingüística es la aptitud de producir programas de comportamiento basados en lo que pensamos, expresados por nuestro lenguaje, es decir por lo que le decimos o le hacemos entender a nuestra mente.
Lo primero que debemos entender es cómo nuestro propio pensamiento y los procesos mentales que conducen a cierto tipo de pensamientos que poseemos, condicionan nuestro comportamiento.

Desde la concepción de nuestros pensamientos automáticos o espontáneos es que se determinan los estados mentales que vamos a experimentar.
La PNL tiene un sistema para detectar los patrones mentales que emplea el cerebro para obtener los resultados que selecciona, a esto se lo denomina modelar. Esta característica permite distinguir la secuencia de ideas y conductas que le posibilitan a un individuo alcanzar objetivos.

116

Se refiere en realidad a tres conformaciones:
1. Neuro: significa que nuestro comportamiento proviene de procesos neurológicos ligados a percepciones sensoriales.
2. Lingüística: que es la conformación que trata del leguaje, que es la forma que utilizamos para comunicarnos, para ordenar nuestros pensamientos y conductas.
3. Programación: se refiere a los programas de comportamientos que elegimos para ordenar una secuencia de ideas y acciones a realizar.

Para utilizar de manera productiva a la PNL es necesario tener:
- Claridad de objetivos.
- Agudeza perceptiva.
- Flexibilidad de conducta.

La **claridad de objetivos** es el conocimiento de los resultados que se esperan obtener.

La **agudeza perceptiva** supone diferenciar y apreciar si el programa de comportamiento que aplicamos dará los resultados que esperamos.

Y por último la **flexibilidad de conducta** nos otorga varias opciones para llegar más satisfactoriamente al objetivo. Esto implica tener la facultad de cambiar un comportamiento por otro si este no está dando resultados.

¿Cuál es la diferencia que existe entre tú y la persona que ha alcanzado lo que tú quieres? Pregúntatelo a diario y lograrás desenmarañar la respuesta o ¿cómo crees que trabaja tu mente?

¿Piensas como pobre o piensas como rico?

Imagina que te despidieran de tu empleo actual. De ese empleo que detestas. Con un jefe que no valora tu esfuerzo, compañeros mediocres que se lo pasan quejándose todo el tiempo que pueden. Quizás en un primer momento te desesperes, ¿qué comerán mis hijos? ¿Cómo pagaré las cuentas? ¿Qué le digo a mi pareja? Pero que te hayan despedido de un trabajo que odias, es lo mejor que puede pasarte en la vida. No lo verás inmediatamente, solo mirando en retrospectiva. Porque la realidad es que salvo que seas un profesional, no estarás muy capacitado para enfrentar una nueva búsqueda de trabajo. Porque cada año que transcurre dentro de una empresa, es un año más en el que te acostumbrarás a las comodidades y estarás más desactualizado de la competitividad del mundo. Cada año que permanezcas en una empresa es un año que retrasas tu capacitación.

Las empresas más conservadoras están comenzando a adoptar una modalidad de atenazamiento, el ejemplo más fiel de esto, son los turnos rotativos, diseñados para que los empleados no puedan tener una programación de su vida fuera de la empresa, para que la empresa sea su vida. Lo que significa que, si la persona no tiene la voluntad de autoeducarse, se incapacita día a día.

No hagas la agenda de otra persona, enfócate en la productividad, en hacer algo que produzca un cambio rotundo en tu vida. Concéntrate en los pensamientos explosivos que puedan generarte ingresos, que puedan resolver tu vida financiera de por vida, asegurar el futuro para tu familia, ayudar a un amigo que lo necesite. No importa si toda tu familia siempre fue pobre, que se corte contigo, si tú no lo intentas, tus hijos y los hijos de tus hijos seguirán siendo pobres, sufriendo privaciones, trabajando en empleos que detestan ¿para eso los has traído al mundo? No creo que exista un solo padre que se precie de tal, que quiera ver sufrir y padecer a sus hijos.

¿Estás pensando como rico y poniendo acción? O ¿estás pensando como pobre y esperas que la bolsa de dinero te caiga en la cabeza o ganar la lotería? Déjame decirte algo acerca de la gente que gana la lotería:

Andrew Jack Whittaker ganó 315 millones de dólares, luego de eso, al año atropelló a un hombre y amenazó de muerte a un cantinero. Billy Bob Harrell ganó 31 millones, a los pocos años estaba en la ruina y se suicidó.
Janite Lee ganó 18 millones en 1993 y en 2001 se declaró en bancarrota.
Algunos otros fueron presos por evasión de impuestos, otros terminaron viviendo en un remolque, en la calle, alcohólicos y en la completa soledad.

Mucha gente piensa que la suerte es lo que define la riqueza, la fama, el prestigio, el reconocimiento y el éxito, pero pocas veces esta creencia suele convertirse en realidad. Desde aquí en adelante deberás indagarte a ti mismo si ¿piensas como rico o piensas como pobre?

Mente millonaria

El dinero no hace la felicidad, esto es nada más que un pensamiento limitante. El dinero es un medio de cambio. Es la forma de obtener algo que yo quiero.

El dinero es uno de los inventos más fabulosos que existen. Imagínate si no existiera el dinero, vas a trabajar, cumples un horario y llega el final del mes, ¿cómo podría pagarte la empresa? Para poder satisfacer mínimamente tus necesidades debería por lo menos hacer las siguientes cosas:
* Comprarte vestimenta.

- Comprarte comida.
- Pagarte el consumo eléctrico.
- Pagarte el consumo de agua.
- Pagarte el consumo de gas.
- Pagarte el alquiler.
- Comprarte algún electrodoméstico.
- Llevarte al cine, o de paseo.
- Comprarle regalos a tus hijos.
- Pagar la educación de tus hijos.

E incluso hacer todo esto también resultaría difícil, ¿de qué manera pagaría por todo esto?

Si no existiera el dinero y estás enfermo, y resulta que lo único que tienes para ofrecer es que te dedicas a cortar el pasto y el médico ya tiene quien le corte el pasto, ¿qué haces? ¿Te enfermas y te mueres?
El dinero simplifica estos procesos. La mayoría de nuestros sueños requieren dinero, la gente alienta los sueños, pero desprecia el ganar dinero con frases incoherentes de creencias de personas que solo han pasado la vida en la inactividad creativa, profesional y educacional.
"Los ricos son malos", el que dice esto seguramente no es rico, es pobre. "La belleza no hace la felicidad", seguramente quien afirma esto no es bello, es feo.

Que tu objetivo no sea el dinero, sino cumplir tu sueño. Ahora, ¿cuál es tu sueño? ¿Ser abogado?
Ok, paso a informarte: los libros de abogacía cuestan dinero; la matricula, cuesta dinero; viajar a la universidad cuesta dinero.

Walt Disney decía: "Yo no hago películas para ganar dinero, gano dinero para hacer películas". No hay una frase que defina mejor este concepto. La mente millonaria es la mente que vale por su trabajo, por ese trabajo que hace constantemente para sacarte adelante.

¿Piensas como rico o piensas como pobre?

El cuadrante de la riqueza

La riqueza tiene cuatro estadios que van a ir conformando nuestra situación económica a lo largo de toda nuestra vida.

El primer cuadrante es **cuando trabajamos para otros**. Es donde la mayoría iniciamos y no tiene nada de malo, por el contrario, empezar trabajando para otro nos hace dar cuenta que eso no es lo que queremos. Trabajar para otro es cómodo y fácil, si la empresa no gana lo que esperaba, nosotros igual tenemos nuestro sueldo a fin de mes, y este concepto nos da una idea de falsa seguridad, porque dependemos del manejo que otro haga de la empresa. Y cuando uno está lo suficientemente capacitado, nunca va a preferir que su crecimiento financiero dependa de otro. Por otro lado, trabajando para otro es muy probable que se caiga en el conformismo y en la mediocridad. Se trabaja en un mundo falsamente inmóvil y se destinan años a la repetición de tareas. Esta rutina nos incapacita constantemente y nos convierte en completos inútiles. Cuando un día la empresa a la que le dedicamos la vida decide que ya no le servimos, ese mundo inmóvil comienza a girar y desarticula nuestra vida y todo lo que creíamos de ella.

En el segundo cuadrante: **cuando otros trabajan para nosotros**, ya tiene una cuota de soltura financiera, pero a su vez también adquiere un carácter de responsabilidad, ya que alguien más depende de ti y de cómo le vaya a la empresa, aquí se debe reforzar la habilidad para tratar con los recursos humanos.

El tercer cuadrante: **cuando trabajamos por dinero**, comienza a tenerse noción de independencia, se estimula la creatividad, se desarrolla mejor la capacidad de relacionarse con las personas, comienza un periodo de valoración de los esfuerzos, y se empieza a comprender por qué ser dueño de tu negocio es tan difícil.

La independencia financiera en el cuarto cuadrante que es a donde aspiramos, llegar al momento en que el **dinero trabaje por nosotros**.

El objetivo de la independencia financiera no es más que el de poder aprovechar nuestra vida para hacer lo que realmente nos gusta. Si lo que nos gusta es hacer nuestro trabajo, entonces la independencia financiera llegará irremediablemente.

¿Piensas como rico o piensas como pobre?

Diferencia entre activo y pasivo

La mayoría de las personas viven adquiriendo pasivos pensando que son activos. Activo es lo que te genera ingresos, pasivo es lo que te genera gastos. Un automóvil es un pasivo. Tu casa es un pasivo.
La gente vive toda su vida creyendo que su casa es un activo. La única forma en que su casa se convierta en un activo es convirtiéndola en una locación.

Los activos deben preferentemente estar orientados al
último cuadrante, a negocios que en un futuro puedan
manejarse solos, que no requieran de nuestra total
supervisión, si tú eres empleado en tu propio negocio,
entonces no eres el jefe.

Conozco infinidad de gente que se queda sin trabajo y lo
primero que hace es tener otro hijo o comprar una mascota
que deberán alimentar, esos callejones sin salida se los van
generando ellos mismos. Adquirir pasivos nunca es una
buena inversión.

El camino hacia la independencia financiera consta de
varios pasos esenciales:

<u>Delega</u>

Una de las principales características del salto final hacia el
último cuadrante es aprender a delegar, a rodearte no solo
de gente más inteligente y más capacitada que tú, sino
también que puedas confiarle tu negocio.

<u>Apuesta por lo que te gusta</u>

Si en algún momento te encuentras en la disyuntiva de si
hacer lo que te gusta o hacer lo que te genera más dinero,
la mejor elección es hacer lo que te gusta. Es mejor ser un
fracaso en lo que amas que ser exitoso en lo que odias,
porque estarás cayendo en el éxito imaginario.
Déjame darte un ejemplo: una mujer que está con el
hombre que le gusta, ahora la invita a salir un hombre
millonario, ella deja al hombre que le gusta para irse con el
que tiene mucho dinero. A simple vista parecería una
decisión correcta, pero piensa un momento, el dinero es
solo un medio de cambio para obtener lo que uno quiere, y
cuando lo tenga ¿qué va a querer? La respuesta es: estar

124

con el hombre que le gusta, que es exactamente lo que tenía.

Anímate a encarar tus sueños

La gente por lo general cree que si hace lo que le gusta le irá mal. Que, si se divierte, no trabaja. Y esto está muy lejos de la realidad, la mejor manera de hacer un trabajo excelente es divirtiéndote con él. Si tu trabajo te gusta, lo harás con pasión y mejorarás día a día sin siquiera proponértelo.

Suma personas que sumen

Suma gente a tu vida que esté en tu misma sintonía, que pueda aportarte ideas, que te motive, que te incentive, que comparta tu mismo entusiasmo por realizar.

Conocer la diferencia entre activos y pasivos es fundamental para evitar llenarte de pasivos que consuman tus ingresos y obtener más activos que generen más ingresos. Sucede que los empleos actuales que encontramos en el primer cuadrante te tientan a caer en la "Trampa de los pasivos", te ayudan a conseguir con facilidad todos esos objetos tentadores que ofrece el mercado, TV gigantescas ultrafinas, automóviles 0km, teléfonos celulares de última tecnología, notebooks y cientos de cosas más. Cuando caes es esta trampa te encontrarás trabajando tantas horas para pagar las cuotas y poder mantener todos esos artefactos, que no tendrás siquiera tiempo para disfrutarlos.

Esta es la mentalidad del pensamiento de pobre, trabajar en un empleo que odias para comprar cosas que no necesitas. ¿Piensas como rico o piensas como pobre?

3 inversiones

Existen tres inversiones iniciales que debemos tener en cuenta antes de dar los primeros pasos hacia el último cuadrante y quien no esté dispuesto a hacer estas tres inversiones es muy difícil que pueda alcanzar sus objetivos.

1. Dinero: porque cuesta aprender y capacitarnos. La capacitación cuesta cara, pero más cara cuesta la ignorancia.

2. Tiempo: porque hay que asistir a cursos y seminarios, tomarse el tiempo de aprender, leer, memorizar conceptos.

3. Fe: tenemos que confiar en que nos va a ir mejor, en que todo lo que aprenderemos tendrá aplicación práctica en nuestra vida y que las cosas saldrán bien. Porque solo lograremos sacar beneficio de esto si tenemos la plena convicción de que lo lograremos.

Hace miles de años los poderosos abusaron de los débiles y de esa manera llegaron a ser ricos, con la sangre de sus esclavos y la explotación de los campesinos. De allí en adelante, los ricos adquirieron una fama malograda que quizás en un primer momento merecieron, pero hoy no se condice con la realidad. Los hombres y mujeres más ricos del mundo de los últimos tiempos son todos ricos de primera generación, es decir que no tenían nada cuando nacieron y fueron haciendo su propio camino.

A mucha gente le cuesta todavía asumir, que hoy en día la riqueza premia más que nada al talento, a la creatividad, al esfuerzo y al sacrificio.

La última de las tres inversiones es la más importante de todas: tener fe. ¿Acaso piensas que trabajar más horas te hará más rico?

Si tú no crees que serás rico tienes razón, si no lo crees, nunca lo serás.
Primero atrévete y confía. Mucha gente se miente a sí misma. Déjame hacerte esta pregunta: ¿Confías en ti mismo? ¿En tu capacidad? Si respondes que sí, entonces sal ya mismo y prométele a alguien importante a quien no puedas fallarle que le regalarás un automóvil, un viaje, algo que cueste bastante dinero. Te aseguro que cuando los plazos apremian, tu mente y tu cuerpo comenzarán a trabajar en ello y conseguirán cosas que no imaginabas que podías conseguir. Sentir que estás contra las cuerdas, que no puedes fallar, que tu vida, tu orgullo o una relación importante dependen de ello te obligará a realizar lo impensable. Imagina una suma de dinero alta, que te sea difícil de conseguir, ahora imagina que un juez te multa con esa cantidad y te da el plazo de un año para que la consigas o irás a la prisión. Te aseguro que en menos de un año habrás conseguido mucho más que esa cantidad.

Trabajar más no te hará más rico, trabajar mejor sí lo hará. Los millonarios no lo son por trabajar más horas que tú, que de seguro sí lo hacen, sino que confían en ellos mismos, creen en ellos hasta el final.

¿Piensas como rico o piensas como pobre?

Las 4 "D"

Lo primero que queremos aprender en cuanto iniciamos un curso acerca de negocios, ganar dinero, marketing y emprendimientos es sobre técnicas infalibles para lograr las cosas de manera casi instantánea. Esto no es posible. Todas las personas que alcanzan sus objetivos con su propio esfuerzo lo hacen disciplinando su vida, sacrificando lo que quieren hoy por lo que saben que van a querer mañana y aprendiendo a controlar sus pensamientos y emociones. Las cuatro "D" son el ejemplo de cómo establecer paso a paso este nuevo concepto:

Deseo: desear es el primer paso hacia el obtener. El deseo ardiente de triunfo es algo que nadie te puede dar, el desear algo con todas tus fuerzas hasta que ese deseo se convierta en una obsesión.

Decisión: decidir es reafirmar el deseo. Es quizás el paso más importante de todos, porque mucha gente tiene sueños y deseos, pero muy pocas son las personas que se deciden a ir en busca de ese deseo y a creerlo posible. Una decisión se puede tomar en cualquier momento. Una decisión puede cambiar el curso de nuestras vidas.

Determinación: es lo que no nos va a permitir dar marcha atrás. Ahora que hemos decidido ir tras ese objetivo, la determinación es la fortaleza de no renunciar jamás, de ir hasta las últimas consecuencias hasta alcanzar ese deseo.

Disciplina: significa hacer lo que tengo que hacer, cuando lo tengo que hacer, tenga ganas o no. La disciplina son todas y cada una de las acciones y sacrificios, tanto físicos como mentales, que debo llevar a cabo para alcanzar mi meta.
Una vez establecidas las cuatro premisas anteriores, la primera pregunta que surge es: en el rubro que yo elegí o

que yo amo, ¿cuántas personas son ricas y cuán ricos son? ¿Cuál es el tope?

Si tu meta es ser rico, y tu profesión es profesor de historia, evidentemente estás en el rubro equivocado. La educación se enseña por vocación no por riqueza. Ahora si tu escribes novelas históricas, quizás podrías hacerte rico, pero no lo harías en calidad de profesor sino de escritor.

Enumeremos entonces los pasos más significativos para alcanzar eso que quieres:

- Hacer un trabajo que ames.
- Desarrollar un producto o servicio excelente, que cada día ofrezca más y no deje de perfeccionarse.
- Saber venderlo.

Más adelante explicaremos algunas técnicas de venta que marcarán la diferencia. Muchas personas tienen ideas fantásticas, productos maravillosos y servicios excelentes. Y de pronto aparece alguien con un producto siquiera la mitad de bueno de lo que es el tuyo y se hace rico, mientras tú apenas subsistes. La mayoría de los perdedores atribuyen estos resultados a la suerte o al destino, solo para no afrontar sus errores o incapacidades. La única respuesta válida es que sabía vender y tú no.

De todas maneras, aunque tú no seas un buen vendedor tienes otra opción. Hacer que tu producto se venda solo. Para esto debes seguir una serie de pasos:

Que no sea llamativo, que sea imponente.
Que no sea convincente, que sea inobjetable.
Que no sea bueno, que sea extraordinario.
Que no sea lindo, que sea maravilloso.
Que no tenga buen precio, que el precio te provoque risa.

¿Piensas como rico o piensas como pobre?

La cuarta D

La disciplina es la fuente de la que emergen todos los resultados positivos. Esta parte del libro trata íntegramente de la disciplina. Aunque compartamos contigo algunas técnicas indispensables de ventas, marketing, inversiones y demás; nada de eso te garantizará que obtengas buenos resultados.

Prueba con levantarte antes de que amanezca y trabajar en esas que son las horas más productivas del día. Hacer una rutina de ejercicios y beber dos litros de agua antes del mediodía.

Los ricos de verdad, rara vez se toman vacaciones, viajan a lugares nuevos a disfrutar y hacer lo que más les gusta y lo que más les gusta es su trabajo, de modo que los que no pueden llevarse su trabajo a las vacaciones, terminan teniendo vacaciones muy cortas.

Por eso siguen trabajando aun después de ser millonarios y de no necesitar el dinero.
Cuando hables de tu trabajo, que te brillen los ojos como cuando un padre habla de su hijo pequeño.

Toffler decía que la tendencia de la gente era acostarse cada vez más tarde, pero la tendencia de la gente también es ser pobre, no volverse rica.
La disciplina nos dice:
Mientras los demás duermen, tú trabaja.
Mientras los demás sueñan, tú realiza.
Mientras los otros evalúan, ¡tú hazlo!

¿Piensas como rico o piensas como pobre?

Marketing sin reglas

¿Sabes cómo se vendía en la Edad Media? Se gritaba en medio de las plazas o mercados, de esa manera se buscaba llamar la atención de la gente, para que se enterara de cuál era tu producto o servicio. Quizás no muy lejos de ti, había un producto o servicio mucho mejor que el tuyo, pero si el vendedor se había enfermado de la garganta y nadie se enteraba de su existencia era como si no existiera, hoy las cosas no han cambiado mucho, quizás ya no se grite directamente en medio de un paseo de compras, pero lo que se busca es algo muy parecido: llamar la atención. Aunque la mayoría de los mercadotecnistas se empecinen en dar rodeos cada vez mayores para complicar una tarea que requiere más de ingenio que de estrategias, y está perfecto ya que su trabajo no consiste en hacernos la tarea demasiado fácil, o se quedarían sin trabajo, el marketing es un juego mucho más sencillo que se puede jugar sin tantas variables, las variables en mi opinión no son más que excusas que las personas más destacadas del mundo nunca han tenido en cuenta, quien maneja demasiadas variables, se pierde en verificar las reglas y estrategias de la globalización, en las demandas de un nuevo mercado ultracompetitivo, en analizar economías sustentables y perdería toda su vida hasta dar con el momento y lugar adecuado tras analizar todos esos aspectos innecesarios, el momento adecuado se volverá una fecha exacta: nunca.

Por eso vamos a prestarle atención al marketing en su estado puro, sin tantas vueltas y burocracias empeñadas en hacer de un proceso artístico, de un trabajo creativo: una ciencia mecanizada. En el marketing se trabaja sobre emociones y reacciones de las personas y eso no se puede medir ni predecir con exactitud. En momentos determinados se pueden prever tendencias y sacar estadísticas, pero nunca arrojarán cifras determinantes. Marketing es, sobre todo, creatividad.

¿Podrías medir qué cantidad de rojo, azul y amarillo debería tener una pintura para ser exitosa y venderse por millones de dólares? ¿Qué estrategia de marketing utilizó Da Vinci para lograr que La Gioconda valiera lo que vale y fuera una de las pinturas más famosas de la historia? Ninguna. No hay forma de predecir eso. Hizo lo que amaba y para lo que era un experto. No utilizó estadísticas, ni estudios de mercados. Steve Jobs decía que los estudios de mercado eran una pérdida de tiempo, porque la gente no sabía lo que quería hasta que él se los enseñaba.

El Marketing es un proceso no un evento. Por eso no te pierdas en variables que no arrojan resultados, que detienen tu avance o directamente te inmovilizan.

Los anuncios en los periódicos, los folletos de publicidad callejera, los carteles comerciales casi siempre están mal enfocados. "Somos la mejor empresa" dicen algunas campañas de marketing y lo que la mente piensa es: "ya deja de contarme lo grande e importante que tú eres. A mí que soy el prospecto no me interesa si ustedes son la mejor empresa, me interesa lo que yo quiero". Por eso hay una sola regla para desarrollar una buena campaña para lo que sea que te dediques, recuerda que todos estamos vendiendo y que como el nuestro hay muchísimos productos, similares o mejores. La regla es que las personas solo se interesan en ellas mismas, yo puedo amar profundamente a mi hija, y toda mi genética me conduce a que quizás hasta en un instante emocional diera la vida por ella, pero si lo razono un momento, en el fondo la única vida que me importa es la mía, los seres humanos somos así, tú le regalas un juguete a un niño pequeño y él no lo quiere compartir con nadie. Por eso las campañas publicitarias que no apuntan a lo que quiere el cliente, terminan fracasando.

A la hora de confeccionar una publicidad, tenemos que pensar como si fuéramos el prospecto, por qué debería elegir tu producto y no el de la competencia. ¿Qué me estás ofreciendo? ¿Cuánto puedes mejorar el precio y la calidad de otro producto o servicio? ¿Obtendré un beneficio extra por elegir tu producto y no el de la competencia?

La mayoría de las cosas, no las adquirimos por lógica, sino por emotividad, la lógica no nos conduce a comprar algo lindo, sino algo indispensable, o sea que lo único lógico es adquirir alimentos, agua y la vestimenta necesaria. Todo lo demás lo adquirimos por emoción. Por eso trata siempre de llegar a las emociones de los clientes. Cada contacto que tu negocio tiene con personas que no son parte de tu negocio, incluso ser amable con tus competidores es parte de una buena campaña de marketing, para eso debemos tener en cuenta los siguientes puntos que son los pilares fundamentales de la estrategia general de la mercadotecnia:

- Generación de demanda.
- Satisfacción de demanda.
- Servicio postventa.
- Feedback para desarrollar estrategia.

Las 8 "P" del marketing

<u>Producto</u>: tiene que ser nuevo, innovador, diferente… ¿Qué tiene tu producto que lo distingue del resto? ¿Por qué debo comprártelo a ti y no a otro? Usted ya no puede darse el lujo de solo satisfacer a los clientes, debe superar las expectativas que ellos tengan. Su producto o

servicio tiene que impresionar y por, sobre todo, el modo que usted adopte para tratar a sus clientes es lo que hará que ellos consideren pagar extra por su producto o servicio.

<u>P</u>recio: tiene que ser competitivo, tenemos que pensar vender en volumen, no pensar en sacarle la máxima rentabilidad. Esto no significa regalar nuestro trabajo. Cuando compramos un producto fabricado en serie, casi nunca conseguimos pagarlo mucho menos de su precio establecido. Sin embargo, cuando el producto lo elaboramos nosotros, tendemos a subvalorarlo.

<u>P</u>úblico: significa mercado dirigido, ¿dónde es necesario mi producto? ¿A qué tipo de gente le interesa mi producto?

<u>P</u>romoción: la mejor promoción que podemos tener es la promoción boca a boca. La recomendación es la herramienta fundamental. Nos recomiendan una película y si nos preguntan por ella diremos: "no la he visto pero me han dicho que es muy buena", es decir no la hemos visto y ya la estamos recomendando. La promoción no solo gana la lealtad de los clientes, sino que adhiere nuevos referidos. Si los clientes no perciben una diferencia es que no hay diferencia. Los clientes bien tratados alardearán acerca de la forma en que fueron tratados y eso es lo que logra que repitan ese producto o servicio.

<u>P</u>osicionamiento: ¿Cuánto quiero abarcar? Esta es una pregunta clave para cualquier emprendimiento. Si no hubiera sido por Ray Kroc quien posicionó a la empresa Mc Donald's, los hermanos Richard y Maurice Mc Donald hubieran seguido con un único local y allí hubiera terminado la historia, y Mc Donald's no sería lo que hoy es. Los arqueros apuntan alto porque las flechas tienden a caer. Si apuntamos alto, llegamos a mediano; si

apuntamos a pequeños, no llegaremos a nada. Había un pescador que devolvía los peces grandes al agua. Otro pescador que lo observaba le pregunta: "¿Por qué haces eso?" "Es que tengo una sartén muy chica", respondió.

<u>P</u>ublicidad: nunca dejes de publicitar. Empresas como Coca-cola gastan millones en publicidad y son marcas mundialmente conocidas, si Coca-cola invierte tanto dinero en publicidad y es Coca-cola, ¿cuánto piensas que debes invertir tú?

<u>P</u>asión: las artes y los deportes a diferencia de la producción en masa cuentan con el aditivo de que podemos disfrutar mientras lo hacemos, elegimos el horario, manejamos nuestro tiempo. Si le ponemos pasión a algo, si nos gusta lo que hacemos, daremos lo mejor de nosotros, lo haremos cada vez mejor. Desayuna almuerza, merienda y cena tu producto.

<u>P</u>urplecow: en inglés vaca morada. Un experto en marketing viajaba por una carretera. De pronto al costado del camino observó un campo inmenso con un montón de vacas, detrás el sol rosando las colinas y pensó: "qué paisaje tan hermoso". Continuó su viaje y más adelante observó la misma escena. Y más adelante el mismo paisaje se repetía, entonces pensó: "si hubiera una vaca morada entre todas esas reses entonces se notaría la diferencia". La pregunta es la siguiente: ¿cuál es tu vaca morada? ¿Qué tiene de especial tu producto que lo hace sobresalir del resto?

El método A.I.D.A.

Atención-Interés-Deseo-Acción

Llamar la **atención** es atraer al público a tu producto o servicio. Tu producto o la campaña publicitaria de tu producto tienen que ser originales, para llamar la atención dentro de la globalización.

Establecer el puente del **interés**, una vez que tu producto logra llamar la atención, debe provocar un interés real en el prospecto.

Generar que la persona lo **desee**, el deseo debe establecerse por la necesidad, una necesidad la puede crear solo el fabricante, antes de existir el teléfono celular nadie tenía la necesidad, hoy día nadie puede andar sin teléfono celular sin estar desactualizado. Lo que el vendedor puede hacer es despertar esa necesidad.

Pasar a la **acción**, para lograr que el prospecto compre en ese momento. Toda campaña de marketing debe encender emociones para tener resultados. Las emociones más fáciles de activar en las personas y las que mejores resultados arrojarán son las siguientes:

Esperanza: la esperanza es una de las principales emociones que las personas buscan y es quizás la emoción humana dominante. La mayoría de las personas buscan en algún momento encontrar una solución mágica, un producto milagroso o un servicio que les cambie la vida. Generar la esperanza de que tu producto o servicio puede mejorar o facilitar la vida de una persona, es una de las estrategias más eficaces que existen.

<u>Urgencia</u>: lograr que se despierte la sensación de que adquirir tu producto es de carácter urgente. Las ofertas o promociones con un plazo de finalización son muy eficaces a estos efectos.

<u>Temor</u>: para ciertos productos o servicios el temor es una herramienta fundamental, la gente adquiere ciertas cosas por temor a que algo malo le suceda, para prevenir ciertas consecuencias o simplemente porque piensan que eso indispensable que adquirieron, si no lo hacían ahora lo tendrían que hacer de todas maneras y a un precio más elevado.

<u>Diferenciación</u>: muchas personas adquieren un determinado producto simplemente para sobresalir, para marcar una diferencia entre ellos y el resto de las personas. Si consigues que tu producto o servicio marque esa diferencia, conseguirás lo que muchos están deseosos de lograr.

Hagas lo que hagas, te dediques a lo que te dediques, apliques las técnicas que apliques, deberás siempre tener paciencia, constancia y perseverancia. Esas son las tres palabras que marcan la diferencia entre los que triunfan y los que sueñan con triunfar.
¿Piensas como rico o piensas como pobre?

Técnicas de venta

En cualquier actividad siempre estamos negociando, todos estamos vendiendo algo todo el tiempo. Una modelo se vende a ella misma, un músico vende su talento, un fabricante vende su producto, un profesional vende su servicio.

La venta es un proceso lógico. Se supone que una buena venta debe satisfacer necesidades y deseos o resolver un problema.

Algunas preguntas básicas que debemos tener en cuenta a la hora de entablar una negociación son las siguientes: "¿Quién es la persona con la que voy a negociar?", "¿Qué quiere?", "¿Qué espera obtener?" Y más adelante preguntarnos: "¿Cómo puedo lograr que esa persona quiera hacer lo que yo quiero?", para eso tengo que despertar un deseo en el otro y hablarle de lo que esta persona desea.

El primer factor que un vendedor debe tener en cuenta es que nadie quiere comprar nada, si alguien quiere comprar algo, va a una tienda específica y lo compra, por lo tanto, si vamos a molestar a alguien para intentar venderle algo, tenemos que demostrarle que lo que nosotros ofrecemos no lo va a conseguir en tienda alguna, al mismo precio, con las mismas facilidades, o con algún beneficio extra, que va a resolver sus problemas, que realmente nuestro producto o servicio lo va a beneficiar. Al prospecto solo le interesa lo que él quiere, lo que él desea, no lo que a ti te interesa.

Siempre debemos mantener en nuestra mente un estado positivo, pensar que el cliente está totalmente interesado en nuestro producto.

Durante el proceso de venta, nosotros somos empleados y empleadores al mismo tiempo, la clave está en no permitir que el empleado interno maneje a nuestro propio empleador.

No es buen vendedor quien no posea la capacidad de controlar la direccionalidad de sus sentimientos de agresión, envidia, egoísmo y descontento. El tacto al tratar con la gente es algo fundamental, se debe poseer facilidad de expresión oral, capacidad de situarse en el lugar del otro para comprender su situación e interpretar sus actitudes, intereses, dudas, inquietudes y deseos.

Una de las mayores dificultades al vender, es la capacidad de cierre. Siempre debemos contestar una pregunta con otra para que el prospecto diga sí, es decir para lograr un estímulo positivo. Lograr el sí, hace que el estatus de una persona baje, si conseguimos que diga muchas veces sí, estará debilitado psicológicamente y ansioso por expresar una negativa.
Existen varios pasos a seguir en el proceso de venta, que son más o menos los siguientes:

Prospectar

Es más fácil vender a personas que no quieren comprar que encontrar personas que quieran comprar.
La prospección es lo que inicia el proceso de ventas, mientras más gente conozcamos y veamos, más éxito tendrá.
Mientras más prospectos posea, más posibilidades de venta puedo tener, es más, incluso puedo vender más que un vendedor que tiene mucha más facilidad de cierre.

Las ventas por internet poseen la ventaja de hacer muy sencilla la prospección masiva. Una página con una buena carta de presentación, con una plantilla de subscripción, un buen posicionamiento en buscadores y publicidad puede generar en una base de datos, cifras extraordinarias de prospectos.

<u>Visitar</u>

Visitar a personas que pudieran llegar a comprar, pero que quizás no están dispuestas a escucharte, es mejor que visitar a personas que sí quieren escucharte, pero que no pueden comprar.

<u>Vender</u>

Visitar a prospectos para hablarles de las razones de por qué deben comprar, si eso no ocurre te encontrarás escuchando y siendo convencido de por qué no deberían comprar.

<u>Trabajar</u>

El estudio, la preparación y la organización son parte del trabajo de soporte de la venta. Si no hacemos esto, puede que no mejoremos nuestras capacidades de vender. Siempre debemos estar en constante crecimiento, tomar cursos y seminarios que nos hagan más capaces, el mundo de hoy es extremadamente competitivo y lo será cada vez más y solo sobrevivirán quienes más información posean.

Desarrollar una venta tiene varios pasos:
- Acercamiento.
- Entrevista.
- Demostración.
- Validación.
- Negociación.
- Cierre.

Las personas creen que están comunicando, cuando en realidad solo están hablando, el buen vendedor hace preguntas, esa es la base de la persuasión: hacer preguntas y escuchar.
A la gente le encanta sentir que lo que está diciendo le está pareciendo muy importante a alguien más.

En la entrevista, el principal objetivo es llegar a conocer la necesidad o inquietud del prospecto y eso se consigue formulando las preguntas adecuadas.

Luego debemos demostrar que nuestro producto o servicio responde a las necesidades o deseos del prospecto. No se puede comenzar a demostrar las cualidades del producto o servicio antes de conocer bien la necesidad. Si no encontramos un acuerdo sobre las necesidades, no hay motivo para hacer una demostración. Si no sabemos cuál es la verdadera razón por la cual comprará, no podemos demostrarle lo conveniente de comprar.
Para eso es necesario escuchar sus deseos y necesidades y repetirlos para conseguir un asentismo y la reafirmación de lo que quiere. Establecer los motivos que le impiden al prospecto comprar y resolver estos problemas.

El cierre es el momento más incómodo del proceso de venta, muchos vendedores quedan paralizados, la mayoría intenta cerrar antes de tiempo para no tener que experimentar la ansiedad de ese momento y se adelantan al cierre sin haber informado al prospecto acerca de lo que está por comprar y la venta se pierde.

Imagina la siguiente situación:
Conozco a una mujer que me gusta. Primero que nada, debo acercarme a ella, los primeros segundos son importantísimos, porque ya lo dijimos, la mente tomará la

decisión de si yo soy confiable o no, en unos pocos segundos. La manera que elija para acercarme a esa persona que me gusta será de suma importancia. Luego debo intentar una conversación y en ella voy a tratar de aprender lo más que pueda de esa persona, ¿cómo voy a lograr eso? Haciendo preguntas y escuchando. Y no escuchando selectivamente, o mirando hacia otro lado y pensando en otras cosas, sino realmente poniendo atención no solo a sus palabras, sino a lo que está sintiendo en el momento que las pronuncia. Una vez que cuente con la información necesaria comenzaré la venta, en este caso, el proceso de tratar de que ella me elija, seguramente esta mujer tendrá varios hombres que quieran estar con ella, algunos mucho más lindos que yo, otros con más dinero y más inteligentes. Lo mismo que en cualquier mercado, tendré muchísima competencia, pero este momento es mío, si ya hice el contacto, voy a tratar de cerrar la venta. Primero que nada, no voy a hablarle de mí, ni de mis hobbies o mis virtudes, que seguramente ella ya ha escuchado de todos y cada uno de los hombres que se le han acercado, sino que voy a decirle las ventajas que tendría para ella estar conmigo, cómo la podría beneficiar en su crecimiento, y aunque no lo diga directamente porque en este caso la venta es un poco más compleja, porque no es lo mismo elegir una pareja que un horno microondas, pero básicamente se utilizan las mismas técnicas, debe quedar implícito lo que ella obtendrá, luego deberé demostrarle que el producto que le estoy vendiendo es confiable, recuerda que ella ya tiene forjada una idea sobre ti y tu producto, lo estableció en los primeros segundos, en este caso no puedo demostrarle de otra manera que por secuencias lógicas o por lo que se ve, mi forma de vestir, de expresarme, y el contenido de mis palabras. Para validar todo esto, mis actos deberán ser consecuentes con mis palabras, mi cliente a la que le estoy vendiendo mi producto o servicio, que en este caso soy yo mismo, debe comprobar a cada paso que todo lo que le he presentado es cierto. Luego

142

durante la negociación se discutirá el precio y se acordará la forma de pago, en este caso sería similar a decir que aquí ya la he convencido de que yo soy la mejor opción de pareja que tiene y digamos que ella en alguna especie de accidente cerebro vascular me lo ha creído, el precio que deberá pagar serán mis exigencias, es decir lo que yo deseo de ella para estar conmigo, ella indiscutiblemente tratará de bajarme las exigencias lo más que pueda y yo ¿trataré de sacarle el máximo beneficio? No, de ninguna manera, lo único que realmente sirve es llegar a un acuerdo justo, tratar de trabajar en el ganar-ganar o no hay trato.

Llegamos al cierre que en este caso podría ser el beso. Y aquí todavía no termina la venta, hasta podríamos decir que aquí recién empieza, todo lo que viene a continuación es la parte más importante del marketing: la postventa y el Feedback. Muchos no le dan importancia a esto, por eso he ilustrado con la analogía anterior, ¿nos conformaríamos tan solo con un beso? ¿A eso le llamamos una venta exitosa? En este caso, ¿una conquista exitosa? De ninguna manera, necesitamos trabajar aún más. Esa persona que ya compró, puede ser un potencial cliente en el futuro, puede mantenernos informados acerca de los aspectos negativos que ha encontrado en nuestro producto o servicio, y nos otorgará información tan valiosa para incrementar nuestras ventas, perfeccionar el producto o servicio, e incluso mejorar las estrategias de venta y publicidad.

¿Por qué compra la gente?

La gente compra por sus razones no por las tuyas. Al prospecto solo le importará lo que el producto haga por él. Las principales razones por las que la gente compra son:

- Dinero (un producto o servicio debe prometerle ahorrar o incrementar su capital).
- Seguridad.
- Gustar a otros.
- Status y prestigio.
- Salud y buena forma.
- Halagos y reconocimiento.
- Poder, influencia y popularidad.
- Liderar el campo.
- Amor y compañía.
- Crecimiento profesional.
- Transformación personal.

En cada venta hay un beneficio que el prospecto espera encontrar, nuestro trabajo es descubrir cuál es el beneficio que busca. Al mismo tiempo existe una objeción clave que decidirá si el prospecto compra o no. A continuación vamos a presentar las objeciones más comunes y la manera de resolverlas:

1. Objeciones que se omiten: el cliente tiene reservas sobre su oferta, pero no las expresa.
   Debes hacer preguntas abiertas, inclínate hacia el prospecto y escucha con atención sus preguntas. Mientras más oportunidades tenga un prospecto de responder a sus preguntas, más probable será que acabe revelándose qué es exactamente lo que le impide comprar.

2. Excusas: ante las excusas sin seriedad alguna, un buen vendedor asiente, sonríe, se muestra de acuerdo y luego hace una pregunta para tomar el control de la conversación.

La mejor manera de manejar cualquier resistencia inicial a su aproximación, incluyendo excusas y reacciones instintivas son estas palabras.
"Entiendo, la mayoría de las personas en su situación reaccionaron de la misma manera la primera vez. Pero ahora son nuestros mejores clientes y nos recomiendan a sus amigos".
Esta respuesta tiene el objetivo de sacar del foco del prospecto nuestro producto y concentrarlo en clientes satisfechos.

3. Objeciones maliciosas: este tipo de prospecto tiende a ser negativo en su comportamiento. Criticarán tu producto o lo compararán desfavorablemente con los de tus competidores. A veces dirán que el precio es abusivo o la calidad de tu producto no es buena.
    La forma de lidiar con estas objeciones maliciosas es comprender que tú no eres el objetivo. La persona que está frente a ti está enfrentando problemas propios que nada tienen que ver con tu persona.

4. Solicitud de información: siempre que un prospecto solicita información sobre los resultados o beneficios que derivarán de tu producto o servicio, y sobre cómo los puede obtener, emplea todas tus habilidades en el manejo de objeciones, recíbelas con halagos. Elogia a la persona por hacer esa pregunta. Agradécele por haberla planteado. Y luego respóndela a fondo, terminando con la frase: "¿responde esto a su pregunta?".

5. Objeciones del conocedor: algunas veces los prospectos tratan de demostrarte cuánto saben de tu producto o servicio. Suelen hacer observaciones sofisticadas o preguntas complejas sobre tu producto, servicio o industria.
    Aunque a muchos vendedores les fastidia este tipo de prospectos, muéstrate impresionado por el amplio

conocimiento que tiene el prospecto de tu producto o servicio. Déjale a él dominar lo que se habla y domina tú la escucha. Muéstrate conciliatorio y cortés.

6. Objeciones subjetivas: están dirigidas directamente a ti.
   Siempre que las personas te formulen críticas personales, puede ser una señal de que tú puedes estar hablando más de la cuenta de ti mismo.

7. Objeciones objetivas: están dirigidas a tu oferta de productos y a las afirmaciones que tú haces acerca de los beneficios y ventajas que tendrían para el cliente.
   Ofrécele al prospecto evidencias de que obtendrá los beneficios y ventajas que le has prometido y le estarás facilitando la decisión de comprar.

8. Resistencia general a las ventas: es la más común de las objeciones, esto sucede siempre al principio de una presentación. Hasta que tú no neutralices esta resistencia, el prospecto estará oyendo, pero no escuchando.
   La única manera de rebatir esta objeción es crear confianza entre el prospecto y tú. El prospecto debe sentir que tú deseas ayudarlo a tomar decisiones acertadas y no que quieres venderle al costo que sea.

9. Objeciones de última hora: el prospecto ha entendido el beneficio que tendría si compra tu producto o servicio y qué podría perder si no lo adquiere, sin embargo, duda en tomar la decisión.
   Escucha con respeto y asegúrale a tu prospecto que tu producto o servicio es excelente y que tiene un precio justo y ejecuta de ser necesario algún cierre prueba.

Cierres prueba

Son los cierres que dan aprobaciones menores para detectar el grado de interés del prospecto en nuestro producto o servicio.

1. <u>Por conclusión</u>. Llegar a la conclusión que el prospecto quiere el producto, esto es un estado mental que ayuda a concretar otros cierres prueba como el doble alternativa o el envolvente. Sin este cierre no se podrían llevar a cabo muchos de los siguientes cierres prueba.

2. <u>Puercoespín</u>. Contestar una pregunta con otra con el propósito de convertirla en un cierre. Ejemplo: el cliente argumenta: "me gusta el automóvil, pero el color rojo no me gusta, ¿lo tiene en azul?". Si el vendedor contesta sí. Nada se consigue, allí termina la intención de venta, en cambio si el vendedor pregunta: "¿lo quiere en azul? Si el cliente dice "sí", entonces ya compró.

3. <u>El amarre</u>. El amarre consiste en hacer afirmaciones que no se puedan negar seguidas de una pregunta al final. Ejemplo: "es importante hacer negocios con una compañía establecida y confiable ¿verdad?". Allí el prospecto no puede negar esta afirmación y con esto estamos logrando una aprobación menor.

4. <u>Amarre invertido</u>. Similar al amarre, pero la pregunta la hacemos al principio para darle mayor suavidad: "¿Verdad que es importante tratar con una compañía establecida y con buena reputación?".

5. <u>Envolvente</u>. El cierre envolvente lo que hace es proyectarlo hacia el futuro como si la compra del producto o servicio ya fuera un hecho: "¿el

automóvil lo va a manejar solo el gerente o sus empleados también?

6. <u>Doble alternativa</u>. Este cierre impide que el cliente decida por sí mismo. Entonces lo llevamos por un proceso de dos alternativas y el cerebro tiende a elegir una: "¿lo va a querer de color rojo o azul?" Aquí también damos por sentado que la venta ya se logró.

7. <u>Por equivocación</u>. Equivocarnos a propósito esperando que nos corrijan y al corregirte el cliente automáticamente te confirma que va a comprar: "¿decía que necesitaba el automóvil para dentro de quince días?", "No, para dentro de siete días", "no hay problema, para dentro de siete días se lo llevamos". Aquí también el cerebro tiende a corregir lo que está mal.

8. <u>Boomerang</u>. Se utiliza cuando el prospecto te ataca directamente y tú puedes usar la intensidad de su ataque para devolvérselo con las mismas palabras: "¡el precio es ridículo!" Aquí el vendedor debe hacer una pausa, bajar la voz y con total calma decir: "¿el precio es ridículo?" Y se calla. El silencio que el vendedor haga hará que el prospecto justifique lo que dijo.

9. <u>El rebote</u>. Usas una objeción para convertirla en un cierre: "el automóvil me gusta, pero no me gusta el color azul, me gusta el rojo", "si se lo traigo en rojo ¿me lo compra hoy?"

10. <u>Compromiso</u>. Se trata de comprometer al cliente si le demuestras que tienes razón: "lo único que hacen las compañías es mentirles a los clientes", "si yo le puedo demostrar que todo lo que le digo es cierto, ¿me lo compra hoy?".

11. <u>Máxima calidad</u>. Este es un cierre para rebatir la objeción: "es muy caro o costoso". Le comentas: "hace unos años tuvimos que decidir si bajar el precio del producto, pero para eso teníamos que bajar también la calidad y decidimos conservar la máxima calidad.

12. <u>Cierre comprobación</u>. Cuando ya sabes lo que el prospecto está buscando y lo tienes, este cierre hace todo por sí solo: "si le puedo demostrar que este automóvil es el mejor en su gama, que posee todo lo que usted busca en un automóvil y que además se adapta perfectamente a su presupuesto, ¿lo compraría hoy mismo?"

Una vez conseguidos algunos de estos cierres prueba vamos a pasar a los cierres maestros.

Cierres maestros

Luego de haber hecho mínimo cinco cierres prueba, ya estás listo para conseguir el cierre maestro ya que a lo largo de tu presentación estuviste recogiendo información y recibiendo aprobaciones menores.

1. <u>Benjamín Franklin</u>. Este cierre se utiliza para la madre de las objeciones: "lo quiero pensar". Entonces comienzas a juntar tus cosas **y cuando estás por marcharte**. Aquí el prospecto baja la guardia porque piensa que ya es el fin de la presentación y quizás diga que se comunicará con usted una vez que lo piense. "Señor me imagino que si lo quiere pensar es porque quiere tomar una

buena decisión, ¿no es verdad? Sin embargo, con la información que le acabo de dejar solo le quedará en la mente un 25% de todo, permítame que le deje toda la información para que pueda tomar una buena decisión". Tomas un papel y trazas una línea vertical y una horizontal en forma de T. En la parte de arriba del lado izquierdo anota la palabra "SI", y en el lado derecho escribe "NO". "Las razones por la que sí debería comprarlo son": y debajo de donde dice SI escribe y enumera todas las ventajas y beneficios del producto o servicio preferentemente las que el prospecto te haya mencionado que le gustaban. "Y las razones por las que no debería comprar el producto son" … y te callas, lo dejas hablar a él, las razones que te dé siempre podrán ser rebatidas y podrás volver a la venta.

2. <u>Insinuaciones</u>. Se trata de sembrar semillas que el cliente cree que son ideas propias y en realidad lo hemos ido llevando por ese pensamiento. "Se da cuenta que al comprar este automóvil usted va a tener el mejor carro de toda la cuadra". "Yo sé que usted quiere tener el mejor carro de toda la cuadra, ¿cuál prefiere el azul o el rojo?".

3. <u>El avión</u>. Para la objeción: "es una decisión difícil", "sabía que el 3% de los aviones del mundo tiene accidentes. ¿Y por eso va a dejar de viajar en avión si tiene algo importante que hacer en el destino? No lo creo. Va a subir a un avión de desconocidos y a depositar su confianza en el piloto, porque sabe que son profesionales. Bueno con mi producto sucede lo mismo, somos profesionales.

4. <u>Proceso de eliminación</u>. Aquí cuando te dicen: "tengo que pensarlo". Le preguntas: "¿es acaso el producto? ¿Es malo? ¿Es mi compañía? ¿Soy yo?" Seguramente te van a decir que no,

"¿entonces es la inversión total?" Aquí te vas a encontrar con la verdadera razón por la que no quiere comprar.

5. <u>Levanta pedidos</u>. Este es un cierre donde tu mano tocará la pluma: "¿me dijo que lo prefería en rojo?" Y anotas en el pedido, si no te detiene ya compró, pero si te detiene y te dice: "yo todavía no he pedido nada, no sé por qué anota", entonces le dices: "lo sé, solo estoy tomando nota de los puntos más importantes para usted así no se me olvidan".

6. <u>Por referencia</u>. Este se utiliza cuando el comprador dice: "me gusta, pero ahora no tengo dinero". Aquí se responde: "OK, pero le gustó el producto ¿no es cierto? Y está convencido de que lo necesita ¿no es vedad? ¿Solo es el dinero el problema? ¿Sí o no?" Esperas la respuesta: "¿qué le parece tener el producto pagando solo la primera cuota? Usted nos recomienda con otra persona y si esa persona compra, la empresa se hará cargo de su cuota. ¿Qué le parece?

<u>Teoría del silencio en el cierre.</u>

Cuando hagas una pregunta de cierre maestro: **¡Te callas!** El primero que habla pierde. Dominar los tiempos tanto como los silencios es fundamental para dominar la venta y no estoy hablando nunca de engañar. Cuando se les recomienda a los vendedores ser convincentes, la mejor convicción se logra cuando creemos realmente en el producto o servicio que estamos ofreciendo, volcamos al ejemplo de la mujer que me gusta, yo estoy convencido de que lo mejor que puede pasarle a esa mujer es salir conmigo y si yo no estoy convencido será mejor que ni lo intente, nunca desde la Superación Personal vamos a recomendar que engañemos, porque las malas acciones te persiguen como tu sombra por el resto de tu vida.

Desde la Superación Personal siempre vamos a recomendar:

1. Hacer lo que realmente amas.
2. Estar convencido de que lo que ofreces puede serle útil a alguien.
3. No dejar de trabajar, perfeccionar siempre tu producto o servicio.

Si quieres puedes seguir lamentando tu desgracia de haber nacido pobre, odiar a los ricos en lugar de tratar de entender cómo hicieron su fortuna. Si quieres puedes seguir pensando que el dinero es malo y que la ambición es un defecto, pero déjame decirte que la importancia de todos estos conceptos que acabo de mencionarte solo los entenderás cuando quieras ayudar a mejorar la calidad de vida de un ser amado y no puedas hacerlo porque eres pobre, cuando quieras disponer de tu tiempo para pasarlo con alguien que te necesita a su lado y no puedas hacerlo porque tu jefe te despediría. Allí entenderás la importancia de la riqueza, de ser dueño o dueña de tu propia vida, de manejar tu tiempo a tu antojo, de estar lo más lejos posible de esos problemas que se podrían resolver de manera tan sencilla y que sin embargo hacen infeliz la vida de las personas.

¿Vas a seguir pensando como pobre o vas a comenzar a pensar cómo rico?

¿Cómo aumento mi creatividad?

Dijo Drucker: "si la inspiración se presenta es mejor que te encuentre trabajando".

La innovación y la creatividad son fuentes inagotables en el mundo, basadas en una inteligencia medida. La inteligencia orientada a la creatividad es parte imaginación y parte rigor. La pura imaginación es delirio y el puro rigor es parálisis.

Personas muy inteligentes cometen estupideces a cada instante, personas muy capaces se equivocan en varias ocasiones, como también personas no muy talentosas pueden tener ideas brillantes…
No existe ninguna regla para la creatividad, no hay ninguna limitación que te impida poder tener una idea genial, o crear algo único.
Una buena idea puede cambiar tu vida para siempre. Se te puede ocurrir en cualquier momento y no necesariamente precisas ser un genio para que esto suceda, solo dar vuelta un poco el enfoque que tienes con respecto a la realidad de algo en particular. La idea debe constar de tres factores, debe ser:
1. Original.
2. Útil.
3. Implementable, es decir que se pueda implementar con facilidad.

Para que estos procesos puedan darse, debemos tener en cuenta tres aspectos:

<u>Conocimiento de campo</u>

Mientras más conocimiento, mayor creatividad. Es decir que mientras más conozco todo lo relacionado con el producto o servicio sobre el cual quiero innovar, más factible es que se me ocurra una idea que lo pueda mejorar o incluso algo totalmente nuevo que nadie haya tenido en cuenta.

Motivación

Divertirse con lo que se hace es la mejor manera para poder persistir luego de los fracasos, para practicar la perseverancia. No hay ningún método creativo, fórmula o estrategia de marketing que se pueda ejecutar en el desgano.

Técnicas

Sin técnicas, las personas con mucho conocimiento de campo o motivación corren el riesgo de buscar soluciones dentro de los mismos patrones y procedimientos de siempre, e incluso dentro de los mismos que generaron problemas anteriores.

Diseñando el futuro

Innovar es diseñar el futuro, y no hay diseño de futuro que no empiece por el cuestionamiento de lo que se está haciendo hoy. Reformular el presente es la constante de todos aquellos quienes quieren cambiar, revolucionar y mejorar el futuro.

Los estudios de mercado señalaron que la venta de computadoras personales y celulares sería muy limitada, que la gente no compraría máquinas Xerox porque nunca necesitaría más de tres copias de cualquier cosa y que el Sony walkman sería un fracaso comercial.

La burocracia provoca lentitud y hace a una empresa llegar tarde al mercado. Para innovar se requiere dejar de lado las ideas preconcebidas, los límites mentales y dar rienda a la creatividad. Las empresas exitosas no innovan en todo lo que pueden sino en todo lo necesario para cumplir sus objetivos.

Por eso es un requisito, casi impostergable para poder aplicar de manera efectiva las técnicas del módulo anterior, que te pongas a innovar, a buscar formas de acortar el tiempo, de ofrecer más por el mismo precio, de complementar, o directamente de inventar. A efectos de que puedas lograr una buena base creativa, sin haber creado nunca nada en tu vida, o luego de haber estado lo más lejos posible de la creatividad, te demostraremos que cualquiera puede ser creativo si dispone de las herramientas necesarias.

Poner a invernar las ideas

Cuando estudiaba guion de cine, una de las técnicas que se enseñaban era la de descanso del guion, una vez terminada la etapa de elaboración, corregido y releído, dejarlo reposar por un largo periodo de tiempo y dedicarse a olvidarlo. Luego leerlo nuevamente. Allí se descubrían cosas que habían sido pasadas por alto, ideas que se podían desarrollar de una mejor manera.
Poner a invernar las ideas significa tomarnos un descanso, cuando llegamos a la etapa de saturación, tu mente tenderá a estancarse, a quedarse trabada y eso impedirá que continúes en un proceso creativo.

De modo que cuando llegamos a ese punto donde parece que no hay retorno, que se nos han agotado las ideas, que no podemos resolver una situación, el descanso de la mente es lo que la restaurará para que, al regresar, el panorama se vuelva más sencillo, y quizás la misma situación que nos parecía irresoluble, sea una completa insignificancia, viéndola desde otra perspectiva o con el cerebro más relajado.

Técnicas de pensamiento creativo

No existe una técnica totalmente efectiva para desarrollar el pensamiento creativo de tal manera que se te ocurra la idea del siglo que te salvará económicamente para el resto de tu vida. Por eso, no dejes escapar ninguna idea, no las desprecies porque no sabes en qué pueden llegar a convertirse en un futuro.

Las técnicas de pensamiento creativo sirven de apoyo a cada uno de los procesos tanto de la creación de un producto o servicio, como para la campaña de marketing e incluso para la misma venta. Las más comunes son:

Brainstorming

Una de las técnicas más utilizadas por los grupos creativos, creada por Alexander Osborn. La "Tormenta de ideas" es muy fácil de implementar ya que consta de un proceso muy sencillo para llevarse a cabo, a diferencia de las otras que siguen mecanismos bastante más complejos.

<u>Suspender el juicio</u>, los miembros del grupo no pueden criticar las ideas propias o de los otros.

<u>Toda idea vale</u>, la inclusión de ideas sencillas o absurdas suele ampliar el espectro de lo permitido y ampliar la creatividad.

<u>Las ideas son del grupo</u>, así pueden aportar a ideas ya propuestas, complementando o mejorando las ideas de otros.

En el Brainstorming se busca un flujo continuo de ideas que puedan analizarse más tarde, por eso no se desperdicia ninguna, ya que nunca se sabe cuál de ellas puede convertirse en una idea brillante luego de pasar un examen.

SCAMPER

Creada por Bob Eberle, consiste en 7 tipos de preguntas que debemos formularnos.

Sustituir: ¿qué elementos de nuestro producto, servicio o proceso pueden ser sustituidos?

Combinar: ¿Qué otros elementos podrían combinarse con el objeto en cuestión?

Adaptar: ¿Qué elemento podríamos incorporar y adaptar a nuestro objeto?

Minimizar/magnificar: ¿Qué elementos del objeto podrían tener mayor prominencia y cuáles menos?

Proponer para otros usos: ¿Qué otros usos adicionales puede tener el objeto en cuestión?

Eliminar: ¿Cuáles elementos podrían ser eliminados?

Reordenar/reinvertir: ¿Qué elementos de nuestro objeto pueden adquirir una forma totalmente distinta?

Un día un grupo de ingenieros se encontraban desarrollando una nueva clase de pintura que fuera de fácil remoción. El proceso estaba algo trabado y a nadie se le ocurría nada nuevo, de pronto uno de ellos dijo: ¿Por qué no ponemos pólvora en la pintura y cuando queramos removerla la hacemos estallar? Todos rieron de la broma, pero logró que se preguntaran si existía una sustancia que se pudiera adherir a la pintura para luego ablandarse en contacto con otra sustancia. Resultó que de esa broma surgió el removedor de pintura y la pintura sintética removible.

La estrategia del océano azul

Es la manera de crear nuevos mercados y escenarios de consumo. A esto se los denomina océanos azules, en contrapartida con los denominados océanos rojos en donde distintas compañías compiten por un determinado número de clientes.

En los océanos azules se pueden integrar varios nuevos aspectos para diferenciarse y optimizar los costos. El océano azul presupone, generar nuevos horizontes, nuevos productos y demandas de estos. Asimismo, se pueden modificar algunos de los productos y servicios ya existentes y crear una especie de demanda paralela, para quienes tienden a aburrirse del mismo producto de diferente marca.

El Pensamiento lateral

En el entrenamiento, las personas aprenden a utilizar dos tipos de pensamientos complementarios. Por un lado, el pensamiento vertical, que nos permite profundizar en nuestros patrones mentales habituales para obtener una solución. Por el otro, el pensamiento lateral, mediante el cual buscamos una solución en territorios inexplorados. Con el pensamiento lateral creamos ideas. Con el vertical las desarrollamos, seleccionamos y utilizamos. De esta forma, el programa DATT enseña una serie de métodos para dirigir la atención y además se fomenta el uso de diversas técnicas de pensamiento creativo.

Método de la palabra PO

Suspender el pensamiento evaluativo en el que juzgamos una idea y determinamos si es buena o mala bajo un esquema de SI/NO, en lugar de eso instalaremos el pensamiento de lo posible: PO. Una reacción típica ante nuevas ideas consiste en argumentar por qué no se pueden realizar, el pensamiento implica jugar con la idea.

Los seis sombreros para pensar

Una de las metodologías más conocidas de Edward de Bono es la de utilizar metafóricamente los seis sombreros. Cada uno de los cuales indica el pensamiento que debe adoptar quien se lo coloque.

Sombrero blanco: visión objetiva y neutral. Foco en los hechos, números e información.

Sombrero rojo: visión emocional intuitiva, sin necesidad de justificación.

Sombrero negro: resalta el juicio y la cautela. Se utiliza para señalar por qué una sugerencia no encaja con los hechos.

Sombrero amarillo: actitud positiva, optimista, constructiva. Representa los valores y beneficios de cualquier tema a tratar, o propuesta elaborada.

Sombrero verde: representa el pensamiento lateral, la creatividad, busca introducir cambios.

Sombrero azul: toma perspectiva para cuidar el proceso de pensamiento, representa el equilibrio en conjunto de ideas y la moderación.

40 Técnicas para mejorar tu calidad de vida

1) Meditar.

Me despierto a la mañana, mi cerebro viene de realizar uno de los procesos más arduos: sintetizar las proteínas que se van a fijar en las neuronas para guardar la información que va a quedar almacenada en nuestra memoria a largo plazo. En resumidas cuentas, esto significa que, de toda la información que adquirimos durante el día, solo vamos a almacenar lo verdaderamente importante.
El cerebro tiene que completar esta tarea, todas las noches antes de despertar.

Recibimos aproximadamente 4 millones de unidades de información por día, esa información va a formar parte momentáneamente de nuestra memoria de trabajo, por eso si nos preguntan qué hicimos durante la hora anterior seguramente podremos dar muchos detalles de todo lo acontecido durante esa hora previa, pero si nos preguntan al otro día por esa hora en particular ya no recordaremos a menos que algo muy importante haya sucedido durante el transcurso de la misma.

Si nos despertamos de manera natural, esto quiere decir que nuestro cuerpo ha descansado correctamente, pero nuestro cerebro no lo ha hecho.
El único momento en que nuestro cerebro descansa es cuando meditamos. Por lo tanto, lo primero y lo más importante que debemos hacer ni bien nos despertamos es meditar al menos diez minutos.

La gente tiende a subestimar esto de la meditación, pero es el único momento donde el parloteo constante de la mente se va a callar y se van a generar espacios para oír nuestra propia voz.

La mente siempre está recordando el pasado o soñando con el futuro, pero nunca está en el momento presente.

163

No podemos parar a la mente, pero con la meditación, se vuelve un instrumento útil, en vez de esclavizarnos con su charla constante.

No podemos hacer nada; solamente ser un espectador, un observador mirando el tráfico de la mente, de los pensamientos que pasan, deseos, recuerdos, sueños, fantasías... simplemente mantenernos a una prudente distancia, observando sin juicios, o sea sin decir: 'Esto es bueno' o 'Esto es malo", "Esto es mentira", "Esto me gusta".

El primer punto para la meditación es un estado relajado: no pelear con la mente, no controlar la mente, no concentrarse. Segundo, trata de observar, de presenciar lo que pase a tu alrededor sin ninguna interferencia, y tercero una actitud de no juzgar. Deja que pasen los pensamientos.

La música de meditación no existe, solamente la música de relajación, te ayuda a relajar para que puedas entrar en la meditación. Olvídate de los resultados, no los esperes, tu mente los esperará, pero en la meditación no nos interesa para nada lo que la mente quiere. Porque a ella le estamos haciendo este favor entregándole el regalo de la meditación.

2) Tomar agua.

La mayoría de la gente vive deshidratada.

Para antes del mediodía ya deberíamos haber tomado 1 litro de agua por cada 25 kilogramos de peso. Debemos tener en cuenta que el agua debe tomarse de manera paulatina, no sirve de nada ingerir dos litros en diez minutos, ya que nuestro cuerpo va a expulsar el excedente en poco tiempo y vamos a terminar el día deshidratados. Todo nuestro cuerpo trabaja mejor con agua.

3) Hacer ejercicios.

Una rutina de ejercicios a veces es difícil de seguir, lo mismo que un gimnasio. Pero puede ser también salir a caminar, trotar al aire libre, andar en bicicleta. Aunque lo ideal sería combinar ejercicios anaeróbicos con aeróbicos y recurrir a un profesional que nos dé un asesoramiento adecuado.

4) Hacer seis comidas diarias.

Hacer seis comidas diarias representará un metabolismo más ágil, y un cuerpo más enérgico. Es verdad que no es suficiente seis comidas sino seis comidas de calidad, ricas en proteínas con un porcentaje equilibrado de carbohidratos y otro tanto de grasas. Pero las grasas que debemos consumir deben provenir de aceites crudos, almendras, avellanas, etcétera.
Cambiar lo frito por lo hervido u horneado.
Cambiar el café de la mañana por jugos naturales, yogurt y cereales.
Evitar los carbohidratos en la cena. Ya explicamos que durante el sueño lo único que el cerebro requiere son proteínas.
Entre cada comida hacer colaciones naturales.

La mayoría de nuestros problemas de salud se deben a una mala alimentación. Sería recomendable utilizar la inteligencia para alimentarnos mejor.

5) Implementar.

"Conozco una mujer hermosa": ¿Dónde trabaja? ¿En qué aplica esa belleza? ¿Para qué la utiliza?
Para nada…

"Conozco a un hombre que tiene un talento para pintar, dibuja como un genio": ¿Dónde trabaja? ¿En que aplica ese talento? ¿Para qué lo utiliza?
Para nada…

Disponer de herramientas y no aplicarlas no sirve absolutamente para nada. Comienza a implementar tus talentos en algo productivo. Una persona que no lee no vale más que una que no sabe leer, eso es lo mismo que tener un don desperdiciado, una capacidad guardada en un armario.

6) Procrastinar.

Tomarse el tiempo necesario para tomar una decisión importante. A veces la gente toma decisiones apresuradas sin ninguna necesidad, simplemente porque quieren sacarse el problema de encima y lo que hacen es empeorar el problema o generar nuevos inconvenientes.

Aunque la pelota de tenis viaje a más de 200km/hora un tenista espera hasta la última décima de segundo para devolver el golpe y en ese momento casi imperceptible, su cerebro decide: la intensidad del golpe, la direccionalidad, el movimiento y el efecto que le dará. Esto quiere decir no extender los plazos, pero tampoco precipitarse. Esto significa procrastinar, tomarse el máximo tiempo posible para tomar una buena decisión.

166

7) Diversificar.

Significa tener un plan B. Debemos tener un plan de lo que queremos en la vida, pero si por alguna circunstancia externa ese plan se trunca de manera irremediable, debemos contar con una segunda y hasta con alguna tercera opción. Se podría dividir de la siguiente manera:
Un trabajo. Al que nos enfocaremos y en el que trataremos de volvernos expertos.
Un hobby. Que desarrollaremos con pasión y en nuestros ratos libres, y que puede convertirse a fuerza de repetición en un posible trabajo mañana.
Un interés aleatorio. Alguna actividad que realizamos de manera frecuente, que no nos demande demasiado tiempo o que simplemente realicemos de manera esporádica.

La diferencia entre el hobby y la actividad de interés aleatorio es que el hobby por lo general sentimos la necesidad de hacer, no vemos la hora de que llegue el recreo de nuestro trabajo para realizarlo. La actividad de interés raras veces la extrañamos y podemos pasar bastante tiempo sin realizarla, pero tarde o temprano volveremos a ella.

8) Racionalizar.

Está demostrado que nos comportamos de manera irracional cuando se trata de dinero. Miren sino a un jugador de póker, cuando comienza a perder dinero, sus emociones lo dominan, su ira entorpece sus decisiones, y termina perdiendo mucho más de lo que hubiera perdido si se retiraba. Estamos dominados por un factor llamado sesgo de inmediatez.

Si le das a elegir a una persona entre 100 dólares en un año o 102 dólares en un año y un día, casi todas las personas elegirán la segunda opción. Sin embargo, si le das a elegir a la misma persona entre 100 dólares hoy o 102 mañana, elegirá sin lugar a duda los 100 dólares hoy mismo.

Se les ha mostrado una taza a varios estudiantes pidiéndoles que anotasen cuánto estarían dispuestos a pagar por ella, todos promediaron en los 6 dólares, y luego se les regaló la taza a la mitad de ellos, y les pidieron que digan cuánto estarían dispuestos a vender esa taza, todos promediaron en los 9 dólares, la emocionalidad de poseer esa taza hizo que consideraran que su valor había aumentado.

Si la gente está optimista, los mercados están en alza, si la gente está pesimista, los mercados bajan. Esta forma de comportamiento irracional fue una de las principales causas por las que se produjeron fenómenos tales como las primeras burbujas económicas como el tulipán que llegó a costar más caro que una vivienda y las grandes depresiones de la bolsa de valores. Racionalizar tus decisiones en cuanto a lo económico, impedirá que tomes decisiones absurdas que te harán perder dinero.

9) Arriesgar.

Si el ser humano no se arriesgara, todavía viviríamos en cavernas, ya que nunca hubiera salido de allí.
La mayoría de la gente se queda en una vida estática, soñando con hacer grandes cosas que nunca se anima por miedo a arriesgar. Así, nunca cambian de trabajo a
168

menos que los despidan, nunca cambian de pareja a menos que los dejen, nunca transforman su vida, y soportan cualquier tipo de humillaciones solo por miedo a arriesgar. Y por lo general esos mismos cambios, de no realizarlos no solo no perderemos nada si no funcionan, sino que habremos ganado todo si lo hacen.

Volvamos al ejemplo de la mujer que quiero conquistar: imaginemos que me gusta profundamente una mujer. En este mismo momento no estoy con ella, o sea que no la tengo conmigo, si me acerco y le digo que me gusta y la invito a salir ¿qué es lo peor que puede pasarme? Que me diga que no y seguir como hasta ahora, sin tenerla a mi lado, o sea que no retrocedo, me quedo como estoy.

Comienza por cosas pequeñas y luego prepárate para grandes cambios.

La próxima vez que vayas a un restaurant ordena un plato totalmente desconocido.

10) Planificar.

Permítete elaborar no solo un plan de acción con herramientas concretas y disponibles, sino contestar a la segunda pregunta más importante de todas: ¿Cómo voy a lograrlo? Y que también me va a permitir establecer la tercera: ¿Para cuándo quiero lograrlo?

Estipula la cifra que quieres ganar. Esa cifra revela tu propia imagen mental, lo que tú crees que vales, la vida se inclinará ante los límites que te has establecido, tal como expresa Mark Fisher.

Anota lo más alto que pretendas llegar, eso indica tu límite, lo que crees que puedas lograr. Si no lo planeas es porque no crees que puedas lograrlo, te inclinarás a seguir el rumbo por el que la vida te va conduciendo, porque tienes establecida la premisa de un "destino" ilusorio. Si realmente crees en el destino, entonces nunca vayas al médico. Ahora si crees que tu destino está en tus manos, entonces traza un plan, así como un arquitecto traza un plano y comienza a construir piedra por piedra ese destino que quieres para tu vida.

Si no tienes un plan, alguien más te hará parte de su plan. El que no sabe a dónde va, ya llegó.
Divide tus metas y objetivos en porciones de tiempo, esto determinará que tus días no se repitan unos a otros sin ningún propósito.

A estos efectos es recomendable establecer:
- Meta del día.
- Meta de la semana.
- Meta del mes.
- Meta del año.

Que cada sub-meta sea un paso adelante hacia la meta final.

11) Persistir.

Un rey sale a caminar por el parque y ve el pájaro más hermoso que había visto en toda su vida. Se queda admirando la belleza de ese animal y se da cuenta de cuán feliz lo hacía el solo verlo. En un momento el ave vuela y desaparece de la vista del rey. De modo que se queda pensando la manera de poder verlo cada día. Entonces regresa al castillo y se le ocurre hacer una pintura del pájaro. Manda a llamar al mejor pintor del reino y le cuenta acerca de lo que desea.
—Por supuesto, conozco a esa ave —dijo el artista— voy a tardar dos años en terminar esa pintura.
Al rey le pareció que dos años era mucho tiempo, pero aceptó.

A los seis meses, el rey cansado de esperar fue con algunos emisarios hasta la casa del artista, golpeó a su puerta y el pintor lo atendió.

—Quiero saber si ya está terminada mi pintura. —Dijo el rey.

—Yo le he dicho dos años, y ese es el tiempo que tardaré. —Respondió el artista.

El rey regresó a su castillo enojado y esperó. Cuando había pasado un año y medio, otra vez se dirigió a la casa del artista.

—Ya ha pasado un año y medio, quiero ver al menos cómo está quedando el cuadro.

—Yo le he dicho dos años. Y faltan solo seis meses, si esperó un año y medio, puede esperar seis meses más.

El rey estaba furioso.

—Muy bien, vendré en seis meses, pero si mi cuadro no está listo para ese entonces, te mataré.

Pasaron los seis meses, el rey tomó a sus guardias y fue dispuesto a traer el cuadro o la cabeza del artista.

—¿Dónde está mi cuadro? —Preguntó el rey.

—Su cuadro era el del pájaro ese tan hermoso, ¿no es cierto? —Dijo el pintor.

—Así es. —Respondió el rey dispuesto a dar la orden para que lo ejecuten.

El artista sacó un lienzo en blanco, tomó sus pinceles y sus pinturas y en menos de dos minutos, pintó el cuadro del pájaro que el rey tanto amaba. La obra había quedado maravillosa, el pájaro era el más hermoso del mundo y en aquella pintura parecía real.

El rey se dio vuelta y con una mezcla de ira y de desconcierto se dirigió al artista.

—Si podías hacerlo en dos minutos… ¿Por qué me has tenido esperando por dos años?

—Acompáñeme y le mostraré —dijo el pintor. Y lo llevó hasta un armario inmenso, lo abrió y en su interior había miles de bosquejos y lienzos con el dibujo de aquel pájaro.

El artista había estado esos dos largos años perfeccionando su técnica para poder hacer ese cuadro en tan solo dos minutos…

La persistencia sin lugar a duda es la más trillada de todas las técnicas de motivación, y ¿sabes por qué? Por una sola razón: funciona.

12) Enseñar para aprender.

Si crees que eres un experto en alguna materia o pretendes ser uno, no existe método más eficaz que poner a prueba ese conocimiento, allí te darás cuenta lo que sabes y lo que te resta aprender.

La mejor manera de aprender es enseñando, si enseño lo que estoy aprendiendo, lo estoy poniendo en práctica y analizándolo.

Solo cuando un alumno te ponga en una encrucijada, te darás cuenta de cómo resuelves la situación e indagando en tu interior descubrirás si tienes las respuestas o debes aprenderlas. Enseñando aprenderás cuánto sabes y cuánto no. Al compartir tu conocimiento no solo estarás dando lo mejor de ti, sino que te ayudará a memorizarlo, evaluarlo y recapacitarte.

13) Administrar la memoria.

Tenemos recuerdos encubridores que sirven para evitar que surjan los recuerdos dolorosos, o sea habría que esquivar estos recuerdos para acceder a los recuerdos dolorosos. El cerebro en su búsqueda de una solución y el dolor de su moderación elabora una especie de mecanismo de seguridad, como una clave de acceso. El recuerdo encubridor por lo general suele ser alegre, pero con una extraña sensación de desasosiego que hace que no nos adentremos a hurgar demasiado en él.

Para esto también se utiliza la técnica del enganche emocional que desarrollaremos más adelante. Administrar la memoria consiste básicamente en fundar las bases para tener al alcance de nuestra mente, los recuerdos más positivos posibles. Si un recuerdo te hace daño, trata de no tenerlo siempre presente. Encubrir recuerdos es algo que tu mente hace de manera sistemática para evitarte traumas con los que cree que no podrías lidiar, de acuerdo con la evaluación que tu cerebro hizo de lo que soportarías y lo que no. Si tu mente considera que no eres lo suficientemente fuerte de espíritu como para afrontar una realidad, entonces tomará este tipo de medidas.
Esto no sería una técnica en la que pudiéramos tener participación, pero lo que sí podemos hacer es confiar en nuestra mente, y no ir a buscar esos recuerdos, y no cargarnos de cosas negativas que se almacenen innecesariamente. Ciertas veces no podremos evitar estar en situaciones que generen recuerdos indeseables, pero si podemos evitar ponernos a pensar en ellos, algo se nos cruza por la cabeza y seguramente no lo elegimos, pero sí elegimos ponernos a pensar en ello.

14) Prepararme.

Un hombre se presenta a las olimpiadas sin haber entrenado nunca. ¿Crees que pueda llegar a competir con hombres que han entrenado durante toda su vida y que se han preparado específicamente para participar en determinados eventos? De ninguna manera. No puede a último momento desarrollar el tipo de elasticidad, potencia, coordinación y resistencia que requiere cada disciplina. Sus músculos no estarán preparados para responder, porque estos son desarrollados gracias al esfuerzo de años de entrenamiento.

Cuanto mayor sea tu preparación, mayores posibilidades tendrás de lograr el objetivo planteado. La preparación elimina errores evitables.

Arriba del ring no se hace el campeón, allí solo se le reconoce. Un campeón se forja en los entrenamientos continuos, en el esfuerzo diario, en toda la preparación previa para afrontar el desafío propuesto.

15) Volver del futuro.

Trasládate a un día perfecto en el futuro. Piensa en cómo te gustaría que fuese tu vida ¿Qué edad tienes? ¿Con quién estás? ¿Dónde vives?
Ahora regresa al presente y comienza a trabajar para llegar a ese futuro. A ese día perfecto que visualizaste.

Proyectarse al futuro para imaginar cómo estará nuestra vida es el pilar de la motivación, de ese sueño se extraen las fuerzas para saltar de la cama por la mañana. Del diseño de tu propia historia y del trabajo constante para la elaboración de esa historia.

16) Estimarme.

Nuestra autoestima se fue formando desde nuestra infancia. Es esa imagen mental que tenemos acerca de nosotros mismos, de cómo lucimos, para qué somos buenos y cuán buenos somos. Todo esto da como resultado una imagen mental que fue la devolución que nuestro entorno nos fue otorgando, además de nuestras propias creencias acerca de ello.

Todo esto contribuyó a elaborar nuestra autoestima, es decir la estimación que hacemos de nosotros mismos. Nuestra imagen propia, muchas veces se torna en nuestro peor enemigo, el principal causante de nuestros desaciertos.

Nadie es mejor persona que tú y nadie es más inteligente que tú. Comienza a creer en ti mismo. "No hay límites excepto los que tú te impongas".

Cuando hablamos de autoestima, podemos establecer el porqué de cada área de equilibrio estaría vinculada a ella: Si yo voy a un gimnasio y estoy bien físicamente y me veo atractivo, ¿aumentará mi autoestima? Sí.
Si yo soy inteligente y leo mucho, aprendo cosas nuevas, mantengo conversaciones interesantes, me capacito y soy un experto en una o más materias, ¿aumentará mi autoestima? Sí.
Si yo trabajo, ahorro, invierto, gano bastante dinero, ¿aumentará mi autoestima? Sí.
Si yo soy un artista y me aboco a mi arte, me dedico constantemente y cada día soy mejor en lo que hago, ¿aumentará mi autoestima? Definitivamente sí

Aumentar mi autoestima no es ser egoísta, es ser amable con la persona más importante. La mayoría de nosotros nos miramos al espejo solamente para ver nuestros defectos, te he desafiado al principio de este libro a que me nombres cincuenta capacidades o virtudes que encuentres en ti mismo. Y ahora quiero hacerte una pequeña analogía, imagina que estuviera ante ti el hombre o la mujer de tus sueños y te dijera: "Yo me voy a quedar a tu lado para siempre y voy a amarte por el resto de tu vida, siempre y cuando puedas nombrarme cincuenta cualidades de ti". Adelante hazlo.

17) Ganar/ganar.

Tú puedes lograr todo lo que quieres ayudando a que otros logren lo que quieren.

La cultura, la familia, el trabajo, todo está formado bajo la premisa del gano/pierdes, lo que significa que, si yo obtengo lo que quiero, tú no. A menudo para lograr que esto se cumpla, las jerarquías, el poder, la posición económica o la personalidad, se ejercen de manera imperiosa. ¿Quién está ganando en tu matrimonio? Si no están ganando los dos, no está ganando ninguno.

También existen los que se enfocan en el pierdo/ganas que es el peor de los casos: yo pierdo, tú ganas, "adelante dime lo que quieres que haga", "pisotéame de nuevo, todos lo hacen", "soy un perdedor, siempre lo he sido". Este tipo de personas tiene poco coraje para expresar sus ideas y convicciones, desean conservar la paz, callan y se dejan insultar.

Cuando dos personas que actúan bajo el precepto gano/pierdes se enfrentan, el resultado es pierdes/pierdo. Son personas enfocadas en el conflicto, vengativas. Es decir, si yo pierdo tú también lo harás.

Ganar/ganar o no hay trato. Es la capacidad para expresar los propios sentimientos y convicciones combinada con el respeto por los sentimientos y pensamientos de los demás.

Practicar el ganar/ganar o victoria/victoria como se lo conoce comúnmente es la mejor forma de combinar el obtener lo que quiero sin deteriorar las relaciones que se involucraron en el proceso.

18) No juzgar.

Juzgar, criticar, hablar mal de las personas que no están, son hábitos difíciles de erradicar. Enfoquémonos en lo bueno de las personas, que de lo malo se ocupe él, si es que quiere hacerlo. No podemos decidir cómo quiere ser esa persona, solo podemos decidir con quién relacionarnos y con quién no.
Tendemos a mirar desde nuestra lente y evaluar a las personas y lo hacemos desde la perspectiva de lo que nosotros haríamos en su situación: "Si yo fuese tú" es la frase principal de este tipo de conducta y si por alguna razón no actúan como nosotros esperamos que lo hagan entonces comenzamos a poner etiquetas de toda índole.
Si no piensan o trabajan como nosotros, son tontos, mediocres, conformistas. Ponemos estas etiquetas a las personas, sin darnos cuenta de que no defines a nadie con tus juicios, al único que defines es a ti mismo como alguien que necesita juzgar.

19) Hablar a solas.

El diálogo interno tiene que ver con hacernos las preguntas correctas y con las respuestas que nuestra mente nos regresa y está directamente relacionado a lo que ponemos en nuestra mente todo el día. Si escuchamos nuestra voz interior, lo que ella nos dice, eso mismo lo hemos programado nosotros.
Comencemos a ejercitar el diálogo interno, que nuestra mente procese información útil, que pueda brindarte

respuestas valiosas. Si tu mente recibe contenido basura, procesará basura y devolverá basura.

Para lograr un correcto diálogo interno debemos tener en cuenta los siguientes aspectos:

- Ingresar contenido de calidad.
- Repetirnos frases estimulantes y motivadoras.
- Evitar insultarnos a nosotros mismos.
- Hacernos preguntas de "cómo" en lugar de "por qué".

Cada vez que estés frente a una persona repítete la palabra empatía.

Cada vez que estés entrenando repítete la palabra bienestar, salud.

Cada vez que estés trabajando repítete la palabra prosperidad.

Cada vez que estés estudiando repítete la palabra crecimiento.

20) Clonar.

Las técnicas que funcionaron a alguien puede que te funcionen a ti también, si es que tiene dos brazos como tú, dos piernas como tú, y un cerebro y un cuerpo igual que tú.

Las técnicas que nunca han funcionado no funcionarán. Si alguien se establece la técnica de sentarse en un sofá y esperar que su vida sea un éxito, pensando que él es un ser único y que a él sí le funcionará esta técnica que nunca en la historia le ha dado resultado a nadie, está simplemente loco.

Mejor opta por cosas que ya funcionaron, imita a quien ya lo logró, párate en los hombros de los gigantes, copia estrategias de éxito.

Conviértete en un clon de la persona que quieres ser, seguramente ella hace ciertas cosas que tú no estás haciendo, y por eso logra los resultados que logra.

No insistas en fórmulas que no le han dado resultado a nadie, si hay 6 mil millones de seres humanos y a ninguno le resultó, a ti tampoco. Si hoy estás calvo, no compres un peine pensando que dentro de diez años estarás mejor, en diez años estarás más calvo. Copia a quien ya lo logró, copia como se viste, qué come, cuál es su técnica.

21) Aterrizar mis sueños.

Tu mente no es tonta, puedes tratar de engañarla, puedes mentirte a ti mismo, elaborar todo tipo de estratagemas contra tu subconsciente, sofismas y paralogismos, pero tu mente no te creerá. Tu mente no conoce la diferencia entre la realidad y la ficción, pero eso solo en cuanto a lo externo, porque tu mente sí conoce la diferencia entre la verdad y la mentira, y te conoce mejor de lo que tú te conoces.
Evalúa a fondo tu realidad. Para poder establecer objetivos concretos, necesitas aterrizar tus ideas en este planeta. Soñar e imaginar son las cosas más maravillosas que existen, si yo mismo pudiera, elegiría vivir sumergido en mis fantasías, en esos mundos perfectos donde todo ocurre tal y como lo deseamos, pero la realidad es que moriría en veintiún días de hambre.
Tus primeros objetivos deben ser equitativos a tu realidad, si te estableces como meta obtener un millón de dólares y ganas el salario mínimo, te estarías mintiendo a ti mismo y te encontrarás buscando formas de lograrlo tan ilógicas como la misma meta. Por esta misma razón la gente juega a la lotería, porque no aterrizan sus

179

sueños, los tienen divagando en el aire y mientras eso ocurra, los tendrás en calidad de inalcanzables y como son inalcanzables, los métodos que optarás para intentar concretarlos serán siempre métodos mágicos.

Si no somos realistas, nos la pasaremos soñando y en lugar de volver nuestros sueños realidad, haremos nuestra realidad un sueño, un mundo ficticio, es decir que nuestra realidad será tan insoportable que nos la pasaremos soñando sin aterrizar jamás.

22) Autoevaluar.

¿Qué clase de mundo sería mi mundo si todos los habitantes fueran como yo?
Para desarrollar esta técnica, algo que sirve es elaborar tu autobiografía. No omitas nada y examina cuidadosamente todo aquello que te avergüenza, que no quisieras volver a hacer.

Haz un balance de tus logros, de los resultados que obtuviste y de cuáles fueron las causas que te impidieron llegar a los objetivos que no conseguiste.
 En lugar de estar ocupándote de la vida de los demás, de las que muchos llevan un detallado informe con respecto a sus actividades, comienza a ocuparte de tu propia vida, de lo que haces y dejas de hacer con ella.

23) Congregar.

Imagina un tren, tú estás sentado allí por algo, para llegar a un destino, todas las personas que viajen en ese tren deben querer ir al mismo destino, de otra manera pueden estar ocurriendo dos cosas:

1) Tú estás en tren equivocado.
2) Ellos están en el tren equivocado.

Las personas con las que te relaciones tienen que tener tus mismas inquietudes, deben querer llegar al mismo destino o tarde o temprano bajarán de ese tren. Relacionarse con la gente correcta, conformar un brainstorming con la gente con la que te relacionas, trata de visitar a menudo a gente más inteligente que tú.

En cada punto decisivo hay alguien esencial, capaz de alentar o frenar un proyecto. "Si tú quieres volar con las águilas no te puedes poner a escarbar con las gallinas".

Buscar caminos para aportar es la mejor manera de crear redes, da todo lo mejor y todo lo mejor vendrá. Dale a ese grupo de referencia todo lo que puedas aportar, porque de ellos obtendrás algo muy importante que no puede medirse en utilidades.
Decía Aristóteles Onassis, si no tienes un centavo "alquila el piso más caro, cómprate la mejor ropa, porque un día en el ascensor te cruzarás con gente rica e inteligente para los negocios y te relacionarás con ellos".

24) Habituar.

Tu mente trata todo el tiempo de generar hábitos, esto se debe a que el cerebro consciente gasta más energías que los músculos de un deportista de élite, entonces todas las acciones que hagas, tu cerebro tratará de derivarlos a tu mente subconsciente, que actúa en nivel alpha.
Debido a esto, lo que hagas a diario se volverá un hábito. De esta manera se estableció en tu conducta el hábito de

dormir siestas eternas, de hablar mal de las personas que no están presentes, de comer y beber alcohol en exceso. Debemos prestar atención a las acciones que repetimos, ya que se nos formarán hábitos, por eso aun cuando nadie observe debemos actuar correctamente. Hasta lo que no se ve debe estar bien hecho. Formarnos el hábito de hacer las cosas que los fracasados odian hacer.

25) Mentalizar la abundancia.

La gente por lo general vive con mentalidad de escasez, compiten y comparan porque piensan que hay muy poco en la vida y que, si otro obtiene algo, es porque una tajada más pequeña les corresponde a ellos. Desean en secreto que alguna tragedia les ocurra a sus competidores.

La mentalidad de abundancia cree que hay suficiente para todos, que solo es una competencia contra uno mismo y todos podemos obtener lo que queremos.

Tus acciones mezquinas corresponden exclusivamente a que te dejas llevar por la mentalidad de escasez. No te embarques en competencias absurdas generadas por la mentalidad de escasez, lo mismo que la envidia y la avaricia. La competencia es intentar llegar a un objetivo, la envidia es querer llegar a lo que el otro tiene, aunque no sea lo que yo quiera, y esto no representaría un inconveniente, pero la creencia establece que, si yo obtengo eso, al otro se le quitará, y esto no funciona así. La competencia absurda implica pensar que, si otro llega al objetivo, yo no podré llegar. La vida no es como una carrera en la que solo reciben premios los primeros en llegar y los demás no reciben nada. Sino que todos los que lleguen recibirán su recompensa, no importa el cuándo, solo importa el cómo. Y lo único que no recibe premio es nunca iniciar esa carrera.

26) Vivir de vacaciones.

¿Qué hacemos cuando vamos de vacaciones?

Hay mucha gente que cuando sale de vacaciones se desconecta totalmente del mundo, apaga el televisor, no mira noticieros y no lee el periódico. Ahora, regresas de las vacaciones, ¿para qué vas a volver a mirar noticias deprimentes? Es similar a cuando una embarazada deja de fumar durante los nueve meses de embarazo, ¿para qué retoma a fumar nuevamente luego?

Las cosas que hacemos cuando estamos de vacaciones son las que realmente nos gusta hacer.
A esas cosas deberíamos prestarle singular atención. Ocurre lo mismo con las decisiones que tomamos, estando lejos, el panorama se nos presenta más claro.

27) Pararme frente al espejo.

Tenemos un vaso frente al espejo, le decimos gordo, estúpido, feo, inútil. No importa cuántas veces repitamos estas palabras, el vaso no cambiará, no se verá más grande ni más pequeño, y no dejará de ser un vaso. Lamentablemente a nosotros, los seres humanos, no nos sucede esto. Si salimos a la calle y alguien nos dice gordos, continuamos caminando y alguien más nos grita que estamos gordos, llegaremos a nuestra casa, nos miraremos al espejo y automáticamente nos veremos más gordos.

Lo que nos devuelve el espejo no es el reflejo de lo que somos, sino el reflejo de cómo nos vemos a nosotros mismos.

28) Solidarizarme.

Cruzas a una persona ciego, sordomuda por la calle y te pide mediante una nota que la ayudes a cruzar. ¿Qué haces? Seguramente la ayudarás a cruzar la calle.
Bueno esa es tu mente. Tu mente es ciega, sorda y muda. Y ¿qué haces con ella? ¿La ayudas?

Estás enseñado desde niño o niña a decir "por favor" y "gracias", todo para ser amable con los demás, y ¿contigo qué? ¿Alguien te enseñó a ser amable contigo mismo? ¿Qué te dices a ti mismo?
Solidarízate con ti mismo de una vez, que la única cosa en el mundo que hace algo por ti, que se interesa realmente por ti y por lo que te conviene es tu mente.

29) Temporizar.

Una enfermera que se dedicó a cuidar pacientes terminales reveló "las cinco cosas que las personas más lamentan en su lecho de muerte":

1- "Ojalá hubiera tenido el coraje de vivir una vida fiel a mí mismo y no a lo que los otros esperaban de mi". Al estar a punto de morir y mirar hacia atrás con mayor claridad, se dieron cuenta que no habían realizado siquiera la mitad de todos sus sueños

2-"Ojalá no hubiera trabajado tan duro". Se perdieron el crecimiento de sus hijos, la compañía de su pareja, la vida misma.

3-"Ojalá hubiera tenido el coraje para expresar mis sentimientos". Para mantener la paz con los demás, o por cobardía, generaron amargura y resentimiento.

4-"Me hubiera gustado estar en contacto con mis amigos". Se dieron cuenta de la importancia de los viejos amigos en sus lechos de muerte, cuando ya era muy difícil localizarlos. Dejaron que amistades de oro se desvanecieran por el paso de los años, por no otorgarles el tiempo y el espacio que se merecían.

5-"Me hubiese gustado permitirme a mí mismo ser más feliz". Muchos no se dieron cuenta hasta el final de que la felicidad es una elección.

En el lecho de muerte lo que los demás piensan de ti está muy lejos de tu mente. En ese momento, a las personas más importantes de tu vida quisieras verlas por última vez. En el lecho de muerte todo se termina, el mundo se acaba y todo lo que hayas hecho en él. Pero haber disfrutado de esos instantes maravillosos que quedaron haciendo eco en el infinito es todo lo que tienes y lo único con lo que te irás.

30) Anclar.

Los anclajes son el método de interrelación más común que existe, aunque siquiera estemos conscientes de que los utilizamos más a menudo de lo que imaginamos.

Percibimos un aroma determinado y cuando lo evocamos, no solo apreciamos a qué corresponde ese olor determinado sino también dónde estábamos cuando lo percibimos por primera vez y cómo nos sentíamos cuando lo hicimos.

El anclaje es la asociación automática entre un estímulo y la respuesta emocional.

Anclaje es lo que me hace tener hambre en un momento determinado del día, es lo que me hace emocionar cuando oigo una canción, es lo que hace que un cierto olor me transporte a otro momento y me evoque las sensaciones.

Los hábitos también se rigen por anclajes, por ejemplo, hay personas que encienden un cigarrillo cada vez que tienen que iniciar una conversación.

Existen diferentes tipos de anclajes, negativos, positivos, conscientes e inconscientes, anclajes a la carta, analógicos, digitales, encadenados o apilados, fisiológicos o cognitivos y auto-anclajes.

También podemos programar anclajes, neutralizar anclajes negativos, crear anclajes positivos o colapsar anclajes.

Pasemos a explicar en detalle cómo funcionan:

La ansiedad es un recurso natural que se activa en el momento que nuestro cerebro considera que existe un peligro real para conservar la vida. Estos síntomas realizan una respuesta inmediata en nuestro sistema nervioso para que podamos permanecer vivos. Sudoración, taquicardia, el estómago se crispa, se segrega adrenalina para emprender una acción vigorosa, la sangre fluye a las extremidades por si tenemos que correr y se activa el sistema "huye o pelea" donde se paraliza el cuerpo para que en esos segundos el cerebro determine si es más adecuado huir o pelear.

Pero, ¿qué sucede cuando el cerebro codifica algo neutral como algún peligro real? Este envía la misma información y el cuerpo genera los mismos síntomas. Y ya sea una respuesta a un estímulo real o imaginario el cerebro enviará las mismas señales. Esta característica del cerebro hace que podamos crear anclajes, si condicionamos a nuestra mente para que envíe ciertas señales ante un estímulo determinado, conseguiremos que lo haga siempre.

Lo que ocurre es que el cerebro tiende a asociar, y si tenemos anclajes negativos estacionados en nuestra mente, ésta reaccionará con el tiempo de la misma manera ante estímulos similares en forma, significado o simbolismo.

La manera práctica de aplicar los anclajes es utilizando momentos felices y tomar alguna acción determinada, ya sea olfatear un perfume, o jalarnos la oreja. Entonces cuando estemos tristes o deprimidos por alguna razón, utilizar ese activador, para que el cerebro relacione los estímulos y nos traiga segregaciones de endorfinas.

31) Enganchar emociones.

Una vez que aprendemos cómo funciona nuestra mente, podemos cambiar el enganche emocional de los recuerdos. Cuando uno evoca un recuerdo, quizás doloroso, una vez que ese recuerdo es traído de nuevo al presente, allí, mediante una broma u otro enfoque de la realidad de las circunstancias de ese recuerdo, provocará que cuando lo volvamos a guardar, puede alterarse la percepción que se tenía del mismo. Ese mismo recuerdo volveremos a almacenarlo con otra connotación para que no sea tan desagradable y ya no lo haremos como algo doloroso, sino como algo gracioso o emotivo.

32) Proactivar.

El proactivo es una persona que resuelve las situaciones, aunque no sepa cómo. El proactivo se centra en lo que puede hacer, mientras que el reactivo se centra en las preocupaciones y en las cosas sobre las que no tiene influencia.

La persona reactiva depende de factores externos, si el clima es bueno se siente bien, si el clima es desfavorable se siente mal. La proactiva, por el contrario, lleva el clima dentro de sí. La persona proactiva es parte de la solución, la persona reactiva es parte del problema.

Existen algunas frases que las personas reactivas utilizan en su vocabulario cotidiano y que las condicionan a no poder pasar a ser proactivos. En el lenguaje reactivo tenemos frases paralizantes que le dificultan a nuestro cerebro la posibilidad de superarse, de encontrar salidas y alternativas.

"Yo soy así". Esta frase me determina. No puedo hacer nada al respecto. Este tipo de afirmación no me deja ningún tipo de opción.

"Me vuelvo loco". Con esto asumo que no soy responsable. Mi vida emocional es gobernada por algo que está fuera de mi control y que me vuelve loco.

"No puedo hacerlo, no tengo tiempo". Las excusas forman una parte porcentual altísima en las frases reactivas. Queremos suponer que algo fuera de mí me controla, en este caso el tiempo.

"Si aquel o aquella". Quiero decir que mis acciones dependen de lo que otro me permita o que la conducta de otro limita mi efectividad.

"Tengo que hacerlo". Aquí expreso mi falta de dominio o el dominio que otros tienen sobre mí y cómo las circunstancias u otras personas me fuerzan a hacer lo que quizás no quiero.

188

Vivimos reactivamente los guiones que han puesto en nuestras manos: la familia, los compañeros, las agendas de otras personas, las presiones sociales, status, circunstancias. Provienen y surgen de nuestras debilidades, dependencia y necesidad de afecto y aceptación.

Empecemos a actuar como personas proactivas, enfocándonos en lo que podemos hacer, no en lo que no podemos. Buscar soluciones, no excusas; ganar la guerra no la batalla.

33) Diferenciar el mapa del territorio.

Cuando hablamos de que el mapa no es el territorio hablamos también de nuestro lenguaje, las palabras no son los objetos que describen. Alfred Korzybski decía que en realidad los seres humanos somos criaturas semánticas que hacen abstracciones del mundo y las decodifican a través de símbolos tales como palabras, imágenes, sonidos, sensaciones, ideas y demás. Todos estos símbolos son nuestra realidad. Esta semántica interfiere en los procesos del sistema nervioso, ya que para procesar esa información dentro de nuestro cerebro y crear la representación interna de ese símbolo, se utiliza la visualización, imaginación, etc. Estos símbolos y más que nada la interpretación que hagamos de ellos pueden afectar directamente, no solo nuestro entorno, que es el producto de esa interpretación, sino también nuestro interior, que es lo que esa interpretación genera en nosotros.

El lenguaje representa nuestra más alta función neurológica, cualquiera sea el idioma, todo lenguaje involucra reacciones semánticas interconectadas automáticamente. Quien haya aprendido a hablar más de un idioma correctamente se podrá percatar de cómo cambia su percepción de sí mismo y del mundo en cuanto pasa de un idioma a otro.

Casi todos los logros que pueda hacer un ser humano tiene su origen en la habilidad de comunicar en forma clara el mapa que se tiene sobre el territorio. De acuerdo a la interpretación semántica que hagamos del mundo, es que podemos vivir en un mundo que nos llene de limitaciones, tanto como en uno lleno de posibilidades.

34) Primero apuntar, luego disparar.

Empezar con un fin es tener en claro lo que se quiere desde un comienzo. Hacia dónde se apunta, para poder desenvolverse en cualquier situación. Empezar con un fin nos enseña que las cosas se crean dos veces. Primero tiene que existir una creación mental y luego una creación física. Tu voluntad convierte tu pensamiento en realidad. Sin embargo, no se debe confundir actividad con productividad. Estar muy activo no siempre es sinónimo de ser muy productivo.

Para esto deben existir dos cosas:

Administración y liderazgo:

Administrar es hacer bien las cosas, liderar es hacer las cosas correctas.

Administrar: ¿Cómo puedo hacer las cosas?
Liderar: ¿Qué cosas quiero hacer?

35) Neuroplastificar.

La plasticidad sináptica es una propiedad desencadenada por el funcionamiento de las neuronas cuando establecen conexión entre ellas. Esta dinámica va dejando una huella que modifica la percepción de la siguiente secuencia, este proceso hace que nuestro cerebro esté en constante modificación. Nueva información recibida puede servir de estímulo para que el cerebro cree nuevos canales neuronales o modifique y reorganice los anteriores.

Debido a este descubrimiento se le permitió a la ciencia establecer la premisa de que mientras más ejercitamos nuestras capacidades mentales, más las desarrollaremos.
Los seres humanos disponemos de seis facultades intelectuales:

1. Percepción.
2. Voluntad.
3. Imaginación.
4. Memoria.
5. Intuición.
6. Razón.

Ejercita cada una de estas facultades, y no dejes de hacerlo.

36) Soñar grandes sueños.

Cuando un deportista tiene que correr por ejemplo una maratón de veinte kilómetros, siempre entrena para correr cuarenta. Un arquero apunta su arco siempre un poco más arriba, porque la flecha tiende a bajar.
Este tipo de excedentes son los que te permiten llegar bien a tu objetivo y no llegar exhausto.

Convertir un sueño en una magnifica obsesión, tener metas después de las metas. De esto se trata soñar grandes sueños, de siempre estar un paso delante de tus expectativas.

37) Agradecer.

Tengo tres sobrinos gemelos. Voy a saludarlos por su cumpleaños y decido llevar, de regalo, un camión de juguete a cada uno. El primero abre el paquete, lo mira, lo deja de lado y me dice: "gracias tío, pero los camiones no me gustan".
El segundo de los niños abre el paquete, juega un rato con él y luego lo guarda y me dice: "es muy lindo, pero hubiera preferido un avión".
El tercer niño abre el paquete con emoción, mira el camión y se pone a jugar a jugar con alegría y me dice: "gracias tío es el camión que siempre quise tener".
La pregunta del millón es: ¿Cuál de los tres recibirá el regalo más grande el próximo año?

Así funciona el universo, si nosotros no agradecemos por lo que nos es dado, nunca recibiremos nada nuevo.

38) Autoemplearme.

Realizar las tareas que necesito hacer para alcanzar mis objetivos como si me estuviesen pagando para ello. La mayoría de las veces sucede que nos resulta muy difícil levantarnos temprano o cumplir con una jornada productiva si nadie nos está pagando para ello, pero ponte a pensar que el trabajo por el que te están pagando es el sueño de otra persona, no es tu propio sueño. Si tomas conciencia de esto te resultará más fácil ser tu propio empleado, trabajar para ti, de la misma manera que trabajarías para alguien más.

- Establécete una jornada de trabajo productivo.
- Respeta los horarios y cumple con los objetivos.
- De ser necesario trabaja horas extras.

Considérate a ti mismo como tu propio empleado. Recuerda que siempre estás trabajando para ti mismo.

39) Practicar en el sótano.

Una parte antigua del cerebro que es como el sótano de una casa, es el cerebelo. El cerebelo es el responsable de las secuencias complicadas de movimiento. Coordina todas las rutinas motoras, como caminar o coger cosas con las manos. Mientras más se practique, mejor recuerda el cerebelo cuáles músculos y nervios utilizar para llevar a cabo una acción. Podría almacenarse información dentro del mismo músculo, datos claves tales como relajación y contracción.
Por eso practica, practica y practica!!

40) Jugar como niños.

Imagina un niño jugando a algo que no le gusta durante horas… ¿Puedes hacerlo? ¿Puedes imaginarlo? Imposible.

¿Por qué estás haciendo cosas que no te gustan? Si la vida es una sola, entonces ¿cuándo vas a hacer lo que quieres? O ¿acaso estás reservando esta vida para sufrir porque piensas que tendrás otra para disfrutar? Lamento decirte que eso no es cierto. No hay nada más que esta oportunidad. Por eso diviértete, juega como un niño pequeño, entusiásmate de la misma manera que te deprimes, emociónate de la misma manera que te indignas, y ríe a carcajadas lo más que puedas que de eso no te arrepentirás…

Despedida…

Se dice que la última imagen que ve una persona antes de morir es la de sus hijos. Esto se debe a que la función principal de tu cerebro es mantenerte con vida, y como último recurso antes de morir hace un esfuerzo más para que vivas: por ellos. Esto está grabado en nuestro código genético, y lo venimos haciendo hace millones de años, para llegar a este momento de la evolución.
Imagina que mientras estás terminando de leer esto, llegara tu hora. La hora de despedirte de este mundo. Imagina lo gratificante que sería poder sonreír y pensar que te vas sin dejar deuda.
Poder respirar profundo y agradecer por todo lo que tuviste la oportunidad de experimentar.
Cerrar los ojos y no tener arrepentimientos por no haber vivido o disfrutado.

Todo eso es posible, y la oportunidad es ahora, ahora tienes la chance de cambiar lo que está mal en tu vida, de tomar las riendas y el control sobre tus decisiones. Nadie puede hacerlo por ti, y si te remontas a ese instante último, notarás que la muerte es la condición más significativa que existe, ella nos demuestra nuestra realidad última: estamos solos. Nadie acompañará ese proceso, siquiera las personas que estén a tu lado, ellas no morirán contigo, y si lo hicieran tampoco importaría. Tu muerte será única e irrepetible, igual que tu vida. Quizás nos asuste el momento de morir, pero más debería asustarnos vivir una vida vacía e insípida, sin sabor, sin pasión, sin ilusión. A eso deberíamos temerle realmente, ya que eso no es más que una muerte que ha durado toda tu vida…

¿Qué vas a hacer con el tiempo que te queda de vida?

Nico Quindt

ÍNDICE

¿Qué vas a hacer con el tiempo
que te queda de vida?

¿Qué estás haciendo con tus relaciones?

¿Cómo crees que trabaja tu mente?

¿Piensas como pobre opiensas como rico?

¿Cómo aumento mi creatividad?

40 Técnicas para mejorar tu calidad de vida